Das simulierte Universum

Simulationstheorie 2.0

- Positives Denken verändert deine Realität zum Guten -

»All what we see or seem,
is but a dream, within a dream.«

- Edgar Allan Poe -

Cover und Inhalt © Bryan Blackwater, Nefatari Nimjah
bryan.blackwater@gmx.at
Einödstraße 29, 8052 Graz

Herstellung und Verlag: BoD – Books on Demand, Norderstedt
ISBN: 978-3-7526-8963-1

Erste Ausgabe, 2020

Das Werk, einschließlich seiner Teile, ist urheberrechtlich geschützt. Jede Verwertung ist ohne Zustimmung des Autors unzulässig. Dies gilt insbesondere für die elektronische oder sonstige Vervielfältigung, Übersetzung, Verbreitung und öffentliche Zugänglichmachung.

Inhaltsverzeichnis

Simulationstheorie 2.0...1

Vorwort..5

Antarktis, 9836 v. Chr....8

Die Simulationstheorie..15

    Unsere „Realität"...16

        1) Der Sehsinn..16

        2) Der Geruchssinn...19

        3) Der Hörsinn..22

        4) Der Tastsinn...24

        5) Der Geschmackssinn...26

    Die Natur der Materie..27

        Das Atom: Ein riesiger, winziger Haufen Nichts............27

        Keine Teilchen? Der Welle-Teilchen-Dualismus.............29

    Realität: Ein Tisch entsteht...31

Das „Spiel"..34

    Das Spiel, der Tod und die Religionen...................................35

Die Matrix – Das „große Spiel"...37

NPCs – „Non Playing Charakters"..................................39

   Der Aufbau der Matrix..44

   Die Akasha-Chronik – Die Datenbank der Matrix...............52

   Der Faktor Zeit in der Matrix...56

   Die Physik der Matrix..60

   Das Gehirn – ein simulierter Quantencomputer................67

   Dezentrale Simulation – Ressourcenschonung..................71

Die Auswirkungen der Simulationstheorie......................75

   Du bist, was du denkst – Manifestieren von Realitäten......78

   Wellen mit unterschiedlichen Vorzeichen – Positives und Negatives Denken...82

   Epigenetik – Angewandte Manifestation von Gedanken...84

   Reprogrammierung der eigenen Spielfigur.......................89

   Das Gesetz des Ausgleichs...93

   Krankheiten, Schmerz und Tod innerhalb der Simulationen 96

Der Weg zum „Erwachen"...102

   Die Simulation – Das erschaffene Paradies.....................103

   Reprogrammierung - Meditation, Samadhi und Fana.......110

Schlusswort..120

Vorwort

Ziel dieses Buches ist es, die Simulationstheorie (ST), die als logische Folge der Quantentheorie (QT) und dem berühmten Doppelspalt-Experiment von 1905 entstand, in einem halbwegs verdaulichen Rahmen zu präsentieren. Die Annahme, dass wir alle in einer extrem komplexen Simulation leben, ist natürlich alles andere als leicht verdaulich, aber es ist in der Tat das, was die QT (die zigfach bestätigt ist) vorschreibt: Dass nichts von dem, was wir wahrnehmen, real ist, sondern nur in unserem Gehirn als Datenstrom vorhanden ist und sich erst in der „Realität" manifestiert, wenn es beobachtet wird. Die Intention des Beobachters beeinflusst das Messergebnis dabei nicht nur, sondern legt es sogar fest. Albert Einstein sagte dazu gerne: „Du bist, was du denkst".

Die ST geht nun noch einen logischen Schritt weiter:
Unser Körper ist dabei, ebenso wie alles andere, eine Simulation, bestehend aus Daten. Wir, die „SpielerInnen", befinden uns außerhalb dieser virtuellen Realität und verwenden unsere Körper als „Spielfigur". Das „Außerhalb" ist dabei etwas, das nicht fassbar ist für jene, die in der Simulation sind und am „Spiel" teilnehmen. Das „Innerhalb", also das, was unser Gehirn als Realität wahrnimmt, ist jedoch rein virtuell und physikalisch nicht existent.

Unter dem Begriff „holografisches Universum" wurde die ST mathematisch bereits bestätigt, wenn auch nur in einem rudimentären Umfang, der von einer „Projektion" statt einer „Simulation" ausgeht, was jedoch ein gravierender Unterschied ist.

Der Film „Die Matrix", stellt diese Simulation sehr gut dar, auch wenn es natürlich am Ende Sciencefiction ist. Aber da er die ST beinahe zu 100% korrekt darstellt, werde ich in weiterer Folge die Grundlage der Simulation ebenfalls „Matrix" nennen.
Da (vermutlich) niemand weiß, wie diese Matrix entstanden ist, werde ich ihre Entstehung in einer Kurzgeschichte schildern. Diese basiert jedoch lediglich auf meiner persönlichen Annahme und muss nicht zwingend die Realität widerspiegeln. Sie könnte jedoch der Wahrheit sehr nahe kommen.

Anschließend werde ich versuchen, die „sichtbare Realität" und die Quantenmechanik mit der Simulationstheorie in Einklang zu bringen. Aber keine Angst, es wird nicht mathematisch sondern rein philosophisch ;-)
Ich verzichte in diesem Buch absichtlich auf wissenschaftliche Fußnoten zu Quellen oder Studien, denn in Zeiten von kollektiver Digitalisierung sind die Erklärungen zu den Begriffen nur wenige Mausklicks entfernt.

Die kommenden Seiten sind natürlich nichts, womit man sich im Alltag normal beschäftigt und es fällt sicher oft schwer, es nachzuvollziehen. Daher ist es zu empfehlen, zu schwer verständliche Absätze einfach öfter zu lesen, damit es verständlicher wird. Auch wenn es vielleicht schwer fällt.

WARNUNG:

Der Konsum dieses Buches kann zur spontanen Realitäts- und Bewusstseinsveränderung führen. Es kann durchaus passieren, dass Ihr Leben danach einen anderen Verlauf nimmt oder dass Sie plötzlich Dinge wahrnehmen, die zuvor in Ihrer Realität nicht vorhanden waren. Sollten Sie also sehr an ihrer derzeitigen Weltsicht hängen, beenden Sie das Buch besser an dieser Stelle.

- Positives Denken verändert deine Realität zum Guten -

Antarktis, 9836 v. Chr.

»Wie sieht es aus?«, fragte Tasaro.
»Die letzten 200 sind in ihren Kammern, Digîr«, erwiderte eine weibliche Stimme aus dem Hintergrund. Sie gehörte zu einem der zahlreichen Labor-Roboter, die mit künstlicher Intelligenz ausgestattet waren und somit die Aufgaben eines Menschen übernehmen konnten. »Ihr seid das letzte aktive Individuum, Digîr.«
Tasaro nickte. Er schaute in die Halle hinaus, die sich über fast drei Kilometer Länge erstreckte und dabei eine Höhe von 500 Metern erreichte. Hier, fast 3km unter dem Eis der Antarktis, lag die größte Station ihrer Art. Sie war so konzipiert, dass sie das, was kommen sollte, unbeschadet überstehen würde.
879.386. Das war die Zahl, die auf dem Bildschirm über dem Fenster zur Halle angezeigt wurde. 879.386 Kammern in denen jeweils ein Mensch lag. Angeschlossen an ein gewaltiges Netzwerk von Lebenserhaltungssystemen. Die Temperatur der Kammern lag, laut Anzeige, bei 4°C.
87.386 Menschen lagen hier im Kryoschlaf, sauber aufgereiht wie in einem Lagerraum. Versorgt wurden die Kammern von einem geschlossenen Recycling-System, das den Menschen Nährstoffe brachte und Abfälle wieder zu Nährstoffen aufbereitete. Auf diese Weise konnten die darin gelagerten Menschen tausende Jahre überstehen.

Doch so lange sollte es nicht dauern. Die Zeit der Stasis war für 300 Jahre angesetzt. Dann sollte sich Erde die soweit erholt haben, dass sie wieder besiedelt werden konnte.

Tasaro atmete tief durch und blickte ein letztes Mal auf seine Konsole um die Daten noch einmal zu überprüfen.

Er war Kommandant dieser Basis und hatte dafür gesorgt, dass in den letzten sechs Monaten ein Großteil der verbliebenen südlichen Bevölkerung in Tiefschlaf versetzt wurde. Weltweit gab es unzählige solcher Anlagen, die alle nur zu einem einzigen Zweck gebaut worden waren: Die Menschen vor ihrer Auslöschung zu bewahren.

Die meisten waren vor dem, was bald kommen sollte, in die Tiefen des Alls geflüchtet und hatten auf anderen Planeten, in den Kolonien, eine Zuflucht gesucht. Doch viele wollten bleiben, um nach der Katastrophe die Erde neu zu besiedeln. Dazu hatte man weltweit redundante Genbanken tief unter der Erde eingerichtet, in denen Genproben von allen Lebensformen der Erde gespeichert waren. Wenn die Erde sich erholt hätte, könnte man mit diesem Material den Planeten innerhalb kurzer Zeit erneut zum Leben erwecken.

»Aktueller Energieoutput?«, fragte der Kommandant.

»290 Terawatt Leistung, Digîr. Steigend«, antwortete der Roboter.

Bei 400 Terawatt hatte der gewaltige Fusionsreaktor tief unter der Halle seine Maximalkapazität erreicht.

Er würde diese Leistung für mehrere tausend Jahre aufrecht halten können und bot weit mehr Energie als das System eigentlich gebraucht hätte. Doch die Kälteschlafkammern waren nicht das einzige, das Energie brauchte.

Alle Wissenschaftler waren sich einig, dass ein solch langer Tiefschlaf unweigerlich Schäden an den Gehirnen der Menschen zur Folge hätte.

Durch Unterforderung würden sich viele Verbindungen abbauen und die Gehirnfunktion auf ein Minimum reduzieren. Nach dem Ende der Stasis wären alle Menschen lobotomisiert und zu weniger geistiger Leistung fähig als ein zweijähriges Kind.

Daher hatte man einen leistungsstarken Computer an die Anlage angeschlossen, der von einer hochentwickelten KI verwaltet wurde und komplett selbsterhaltend war. Auf diesem Computer wurde eine Simulation erschaffen: Eine 1:1 Kopie der realen Welt. Diese Simulation war so hoch entwickelt, dass jedes einzelne Atom dargestellt werden konnte. Alle Kryokammern waren an diese Simulation angeschlossen und erlaubten es den darin liegenden Menschen, aktiv an der Simulation teilzunehmen. Ein Scanner verband die Gehirnströme direkt mit dem Computer und erlaubte so eine permanente gedankliche Interaktion zwischen Mensch und Maschine.

Auf diese Weise konnten die Schlafenden eine Art „Alternativleben" durchleben, um das Gehirn während der lange Ruhephase aktiv zu halten.

Alle Aktionen, die dabei in der Simulation vollzogen wurden, hatten ein direktes, wenn auch stark gedämpftes Feedback zu den Muskeln des Schlafenden. So wurde verhindert, dass sich die Muskeln durch den langen Schlaf komplett abbauten.

Dadurch, dass die Kammer zusätzlich mit einer schweren Flüssigkeit geflutet wurde, würde der Körper beinahe schwerelos die lange Zeit überdauern.

Die KI sorgte dafür, dass jedem Individuum ein zufälliges Szenario präsentiert wurde, in dem es sich frei bewegen konnte. Durch die Interaktion der Gehirne mit der Simulation konnte die KI das Programm fortlaufend verbessern, um den Menschen ein möglichst gutes Leben zu ermöglichen. Zeit spielte dabei keine Rolle. Ein gesamtes Leben in der Simulation würde nur wenige Minuten Echtzeit dauern, denn in der Simulation tickten die Uhren gänzlich anders.

Sollte ein Mensch in der Simulation zu Tode kommen, durch Alter, Krankheit oder Unfall, würde er die Simulation verlassen und sofort in eine neue Episode eintreten, ohne dies zu bemerken. Sein wahrer Körper, der im Tiefschlaf lag, bliebe davon unbeeinträchtigt.

Natürlich wusste man, dass nicht alle Körper diese Strapazen unbeschadet überstehen würden. Doch das war einkalkuliert. Man rechnete damit, dass nur etwa 60% den Kälteschlaf überleben würden. Genug jedoch, um neu zu beginnen.

Sobald die Erde wieder lebensfreundlich wäre, würde die KI die Simulation beenden und die Menschen erwecken. So jedenfalls war der Plan.

Nach Betreten der Simulation war den Menschen nicht mehr bewusst, dass sie in einer Simulation lebten und dass ihre Körper außerhalb im Tiefschlaf lagen.

Die Menschen waren sich sicher: Das ist das reale Leben und die reale Welt. Sie vergaßen ihre Herkunft und ihre Geschichte. An ihre Stelle trat das, was die KI als „Vergangenheit" anbot. Doch dies war natürlich nicht die wahre Realität und oft auch sehr widersprüchlich.

Doch die Erschaffer dieser Simulation sorgte dafür, dass sie dieses Wissen nach Eintritt nicht verloren. Sie wussten, dass sie in einer Simulation waren und auch, dass alle anderen dies *nicht* wussten. Dann begannen diese wenigen „Wachen" damit, die KI zu manipulieren, um ihre Leben innerhalb der Simulation zu verbessern. Sie ersannen Machtstrukturen, die es ihnen erlaubten, den Rest der (simulierten) Menschheit zu versklaven. Sie generierten Staaten, erfanden Religionen und immer neue Szenarien um die restlichen Schläfer vor dem Erinnern abzuhalten. Doch bald erwuchsen Rivalitäten zwischen den „Schöpfern". So begann der Kreislauf, der bald zur Katastrophe und zum Kollaps der gesamten Simulation führen sollte.

»Zeit bis zum solaren Maximum?«, fragte Tasaro.
»Drei Tage, vier Stunden und 17 Minuten, Digîr«, erwiderte die Einheit.
Nach Ablauf dieser Zeit würde die Sonne einen der gewaltigsten Ausbrüche produzieren, den die Erde je erlebt hatte. Sie würde einen Teil ihrer Hülle abstoßen und diese mit enormer Geschwindigkeit durch das innere Sonnensystem senden. Dabei würden Venus, Erde und Mars auf der sonnenzugewandten Seite verbrannt werden und das Magnetfeld würde kollabieren. Die Kolonien auf dem Mars würden komplett ausradiert und die Erde einen großen Teil seiner Ozeane und Atmosphäre verlieren. Beinahe alles Landleben würde in einem Feuerorkan vernichtet werden und die dabei entstehende Asche würde den Himmel über Jahrhunderte verdunkeln.

Die Erde würde komplett im Eis versinken. Erst wenn die Sonne wieder ihren Weg zur Erdoberfläche gefunden hätte, würde sich das Leben langsam wieder entfalten können. Und auch die Menschen könnten dann wieder eine neue Zivilisation aufbauen.

»In Ordnung, Einheit 48«, nickte der Kommandant. »Dann werde ich mal schlafen gehen. Wir sehen uns dann in 300 Jahren, wenn alles glatt läuft.«
Die Roboter-Einheit verbeugte sich und geleitete Tasaro zu seiner Kammer, die ganz am Anfang der Halle lag.
Am Alkoven angekommen, öffnete Einheit 48 den Deckel. Tasaro entkleidete sich und legte sich der Länge nach hinein. Eine dunkle, teerartige Flüssigkeit wurde mit einem leisen Blubbern hineingepumpt und der Körper des Kommandanten dadurch angehoben.
»Fast wie Urlaub«, scherzte der Kommandant und schaute etwas unbehaglich auf die dunkle Substanz, die ihn umgab.
Einheit 48 lächelte. »Ihr werdet im Schlaf so viel Urlaub erleben können, wie ihr wollt, Digîr.«
Tasaro nickte.
»Schließen«, befahl er und entspannte sich.
»Ich wünsche einen guten Schlaf«, sagte Einheit 48 zum Abschied und betätigte ein Bedienfeld. Der Deckel schloss sich langsam und versiegelte mit einem Zischen den Inhalt.
Sofort wurde ein Gas eingeleitet, das den Kommandanten einschlafen ließ, die Temperatur auf die erforderlichen vier Grad senkte und den Stoffwechsel des Körpers auf ein Minimum reduzierte.

Schlangengleich schoben sich einige Schläuche in die Körperöffnungen des Kommandanten. Doch dies bekam er nicht mehr mit. Er war bereits tief im Schlaf und betrat als Letzter die Simulation.

Einheit 48 ging zurück zur Kontrollstation und überprüfte die Anzeigen. Alles war im grünen Bereich.
Sie nickte zufrieden und löschte die Lichter im Kommandoraum. Dann verließ sie die Ebene um sich in den Ruhemodus zu begeben. Sie würde einmal pro Tag zurückkehren um die Funktion der Anlage zu überprüfen. Für die nächsten 300 Jahre.

Die Simulationstheorie

Wie die kleine Vorgeschichte gezeigt hat, besteht die Annahme, dass sich die gesamte Menschheit derzeit in einer Simulation befindet, aus der sie keinen Ausgang findet, weil entweder die Zeit noch nicht reif ist oder weil die künstliche Intelligenz (KI) die Simulation nicht beendet, wie es geplant war.

Um herauszufinden, ob dem wirklich so ist, müssen wir nach Anzeichen suchen. Anzeichen, die darauf hindeuten.
Sowohl die Mathematik als auch Physik und Biologie liefern hier die meisten Anzeichen und Bestätigungen. Auf diese soll hier aber nicht zu sehr im Detail eingegangen werden, denn es gibt genügend andere Anzeichen, die leichter zu verstehen sind.

Diese werden im Folgenden erklärt:

Unsere „Realität"

Das, was wir gemeinhin „Realität" nennen, nennt die Wissenschaft schlicht „sensorisches Feedback". Sprich, alles was existiert, existiert nur in unserem Gehirn, weil wir es wahrnehmen. Und zwar mit unseren Sinnen. Doch was sind diese Sinne im biologischen Sinn? Es sind Sensoren. Gut ausgeklügelte Bauteile, die die Aufgabe haben, Schwingungen zu empfangen und diese an das Gehirn weiterzuleiten. Daher ist es wichtig, sich die Sinne des Menschen im Detail anzusehen um zu verstehen, was wir wirklich wahrnehmen.

1) Der Sehsinn

Unser Sehsinn besteht aus drei Teilen: Dem Auge, dem Sehnerv und dem Sehzentrum.
Das Auge ist ein biologischer Photorezeptor, der nichts weiter tut, als elektromagnetische Schwingungen bestimmter Wellenlängen (beim Menschen in der Regel zwischen 380nm und 780nm) in Strom umzuwandeln. Dieser Strom wird über den Sehnerv direkt in das Sehzentrum im Gehirn weitergeleitet.

Bis hier hin ist es nichts weiter als ein elektromagnetischer Impuls. Reine binäre Daten. Damit wir jedoch mit unserer Umgebung interagieren können, erstellt das Gehirn aus den Daten, die es empfängt, ein „Bild" und Farben. Dabei spielen die Erfahrungen, die man bisher gemacht hat, eine essentielle Rolle. Denn das Gehirn ist „faul" und will nicht jedes Mal Energie verschwenden um ein Bild neu zu berechnen. Daher verwendet es etwas, das man beim Computer „Cache" nennt.

Dieser Cache sorgt z.B. bei Surfen im Internet dafür, dass Webseiten schneller aufgebaut werden, weil die Inhalte, die schon einmal angeschaut wurden auf dem Computer lokal gespeichert werden. Beim erneuten Laden der Webseite werden die Inhalte dann nicht mehr heruntergeladen, sondern direkt vom Computer geholt. Dies geht enorm viel schneller.

Auf exakt die gleiche Art und Weise arbeitet das Sehzentrum. Etwas, das wir schon einmal gesehen haben, wird in unserem Speicher („Gedächtnis") abgelegt um es bei Bedarf erneut aufrufen zu können. Auf diese Art und Weise arbeitet unser Sehzentrum unglaublich schnell und effizient.

Allerdings kann es passieren, dass die Daten, die das Auge empfängt, nicht mehr mit den Daten übereinstimmen, die gespeichert sind. Dann sehen wir etwas, das nun ganz anders aussieht, aber wir merken es nicht sofort. Wenn wir dann „genauer" hinschauen, erkennen wir den Unterschied jedoch recht schnell.

Dies ist nichts weiter als ein „Datenmissverständnis" unseres Gehirnes und völlig normal. Auf diese Weise verhindert unser Gehirn „Reizüberflutung".

Weicht das Gehirn auf irgendeine Weise von der Norm ab, kommt es zu einer Hyperaktivität des Sehsinnes und wir nehmen sehr viel mehr Dinge wahr, als uns lieb ist. Das führt auf Dauer zu einer Überlastung und kann sich in psychischen Phänomenen wie Psychosen u.ä. äußern. Es gibt jedoch auch Menschen, die dies gar nicht merken, weil sie mit der Datenmenge gut klar kommen. Diese haben dann nach außen hin eine außergewöhnlich gute Wahrnehmung.

Der springende Punkt jedoch ist die Tatsache, dass erst im Sehzentrum die optische Realität entsteht, die außerhalb des Gehirns nur in Datenform (Information) existiert.
Im Form von elektromagnetischen Wellen (Photonen), die ausgestrahlt oder reflektiert werden und unsere Augen erreichen.

2) Der Geruchssinn

Wie auch der Sehsinn, besteht der Geruchssinn aus drei Teilen: Den Riechzellen, dem Geruchsnerv und dem Geruchszentrum im Gehirn.

Im Gegensatz zu den Photorezeptoren des Auges, besitzt die Nase Chemorezeptoren. Sensoren, die darauf ausgelegt sind, eine große Anzahl an chemischen Verbindungen aufzuspüren. Bis heute weiß man nicht zu 100%, wie diese Zellen arbeiten. Aber sie arbeiten von Prinzip her wie moderne künstliche Detektoren, die wir in der Technik verwenden. Nur sehr viel komplizierter. Doch auch hier ist der Vorgang exakt gleich wie beim Sehsinn:
Eine chemische Substanz gelangt in die Nase und zu den dort liegenden Sensoren. Da jede chemische Verbindung eine eigene Energiesignatur hat, also einen eindeutigen „Datensatz", können unsere Sensoren nun genau erfahren, um welche Verbindung es sich handelt. Und zwar sowohl die Natur der Verbindung als auch deren Quantität. Das gelingt jedoch nur dann, wenn diese Verbindung bereits identifiziert worden ist und entsprechend im Gehirn abgespeichert wurde. Ohne diese Information riechen wir nur „etwas das da ist", wissen aber nicht, um was es sich handelt.
Die Riechzellen wandeln nun den Datensatz der Verbindung, die Information, in elektromagnetische Wellen um, in Strom einer bestimmten Frequenz. Genau gleich wie die Photorezeptoren des Auges.

Nur mit dem Unterschied, dass hier nicht einzelne Daten sondern ganze Datenpakete weitergeleitet werden, denn der Geruch ist weitaus komplexer als das bloße Empfangen eines Photons im Auge.

Dieses Datenpaket gelangt nun über die Geruchsnerven zum Gehirn und wird im Riechzentrum analysiert. Passt der empfangene Datensatz zu einem bereits gespeicherten, wissen wir sofort „Das ist Verbindung xyz", ein Veilchen vielleicht. Wird kein passender Datensatz gefunden, wird die Verbindung ohne „Namen" abgespeichert. Als anonymer Datensatz. Dieser wird solange immer wieder mit gespeicherten Erinnerungen verglichen, bis ein Name gefunden wurde. Dazu reicht es, wenn jemand sagt „Das ist ein Veilchen". Ab nun weiß das Gehirn: „Ich rieche Veilchenduft" auch wenn kein Veilchen anwesend ist. In manchen Fällen gibt es eine Fehlinformation und wir riechen Dinge, die gar nicht da sind. Das ist recht verbreitet, vor allem in Verbindung mit dem Sehsinn: Wir können oft Dinge riechen, die wir sehen. Das liegt zumeist an der Daten-Nähe der Seh- und Geruchsnerven. Wir erhalten ein Bild, wenn wir etwas riechen und riechen etwas, wenn wir ein Bild erhalten. Seh- und Geruchssinn sind daher sehr oft gekoppelt. Die Ausprägung ist dabei unterschiedlich stark.

Somit beginnt die Realität eines Stoffes mit Eigengeruch erst im Gehirn, da wir ihn ohne den Geruchssinn nicht erfahren würden. Er wäre schlicht nicht vorhanden für uns, solange er nicht mit unserem Körper interagiert.

Doch auch, wenn der Stoff keinen Eigengeruch hat, gelangt er ins Riechzentrum und löst dort einen „leeren Datensatz" aus, der aber dennoch mit einem Namen versehen werden kann, denn die Information, die diese Verbindung trägt, ist ja vorhanden. Es kann also auch etwas „real" werden, das wir nicht riechen können und uns so beeinflussen. Kohlenmonoxid z.B. können wir normalerweise nicht riechen. Aber nur weil wir es nicht riechen können, heißt das nicht, dass es nicht „existent" wäre. Es trägt dennoch eine Information und diese Information kann im Körper Reaktionen auslösen, die uns töten können. In der „Realität" ersticken wir. In der Simulation wird eine „Erstickung" simuliert. Der Effekt ist ein und der gleiche, da der Körper stets nur auf Information reagiert.

3) Der Hörsinn

Wie die beiden anderen Sinne besteht der Hörsinn ebenfalls aus drei Teilen: Dem Empfangsteil (Trommelfell, Mittelohr, Innenohr), dem Hörnerv und dem Hörzentrum im Gehirn.
Das Prinzip ist exakt das gleiche wie beim Sehsinn: Es wird eine Schwingung empfangen und in Strom umgewandelt. Nur, dass es sich hierbei nicht um elektromagnetische Schwingungen handelt, sondern um Schallschwingungen. Doch hier wird Schallenergie in elektromagnetische Wellen umgewandelt, die über den Hörnerv zum Hörzentrum gelangt. Die Schwingung des Schalles erzeugt dabei ein Datenpakt, das exakt der Schwingung entspricht. Das Gehirn empfängt dieses Datenpaket und speichert es erst einmal. Dann sucht es im Speicher (Gedächtnis) nach einem Eintrag mit Namen und gleicht die Daten ab. Findet es keinen Eintrag, erhält der neue Datensatz den Namen „unbekanntes Geräusch XYZ". Wird jedoch eine Übereinstimmung gefunden, so weiß das Gehirn: Das empfangene Datenpaket stammt von einer Kirchenglocke (z.B.).
Und sofort schaltet sich das Sehzentrum hinzu und generiert aus einer vorhandenen Erinnerung das Bild einer Kirchenglocke. Das Geruchszentrum, sofern Daten vorhanden, simuliert den Geruch von Rosen hinzu, an denen man gerade gerochen hatte, als man zum ersten Mal eine Glocke hörte. Es entsteht eine komplexe Simulation im Gehirn, eine „Erinnerung" an der nun schon drei Sinne beteiligt sind.

Somit wird die Erinnerung schon sehr real. Ist sie jedoch natürlich nicht, denn die Kirchenglocke war ein generierter Sound aus dem Radio.

Dennoch entsteht für einen kurzen Augenblick das Gefühl, dass man direkt wieder „dort" wäre. Wie gut diese Simulation ist, hängt davon ab, wie gut die Sinneszentren im jeweiligen Gehirn miteinander vernetzt sind und Daten austauschen können. Dies ist bei jedem Menschen anders, da es keine zwei gleichen Gehirne gibt. Auch nicht bei eineiigen Zwillingen.

Die Kirchenglocke existiert also gar nicht, aber unser Gehirn erstellt nur aus dem Ton einer Glocke eine umfangreiche Simulation, die wir immer und immer wieder erfahren können.

4) Der Tastsinn

Von allen Sinnen ist der Tastsinn vermutlich der beeindruckendste. Denn er basiert auf Daten, die zu 100% simuliert sind. Aber auch er besteht aus drei Teilen: Druckrezeptoren, Nerven und dem „Berührungszentrum" im Gehirn. Direkte „Berührungen" existieren in diesem Universum jedoch nur in einer Form, zu der der Mensch mit seinem Körper nicht fähig ist (und das ist durchaus gut so). Wenn wir etwas „berühren", so denken wir, dass unsere Finger das Objekt wahrnehmen können. Doch weit gefehlt. Es ist uns physikalisch nicht möglich, etwas anzufassen!

Um das zu verstehen, müssen wir einen kleinen Ausflug in die Kernphysik machen:
Jegliche Materie, die aus Atomen besteht, ist von einem elektromagnetischen „Schild" umgeben, das direkt von den einzelnen Atomen generiert wird. Dieses „Schild" sorgt für die elektromagnetische Abstoßung zwischen den Atomen. Ohne diese Abstoßung würden die Atome spontan verschmelzen (Kernfusion). Jedes Objekt würde zu einer gewaltigen Atombombe werden. Doch aufgrund der elektromagnetischen Abstoßung passiert dies nicht.
Da natürlich auch unser Körper aus Atomen besteht und somit auch unsere Fingerkuppen, stoßen sich die Atome des Objektes und der Fingerkuppe ab.

Je näher sie sich kommen, desto stärker wird die Abstoßung, die elektromagnetische Gegenreaktion. Wir nennen dies gemeinhin „haptischer Druck".

Diese Abstoßungsreaktion ist es auch, die verhindert, dass wir durch eine Wand fallen, wenn wir uns dagegen lehnen. Was jedoch ohne diese Abstoßung passieren würde, da die Wand nicht existiert in Wirklichkeit (worauf ich weiter unten ausführlich eingehen werde).

Die elektromagnetische Interaktion unserer Atome mit denen des Objektes wird von den Drucksensoren der Haut wahrgenommen und in elektromagnetische Signale umgewandelt. Es entsteht ein Datenpaket, das sowohl Temperatur als auch Beschaffenheit und Form des Objektes beinhaltet. Dieses Datenpaket wird über Nerven an das Gehirn weitergeleitet und dort gespeichert. Ist noch kein Datensatz zur Form verfügbar, wird es als anonymer Datensatz gespeichert. Ist ein Datensatz verfügbar, sprich, weiß man, was man anfasst, so löst dies sofort wieder eine Kaskade aus, die Hör-, Geruchs- und Sehzentrum abfragen.

Haben wir nun z.B. blind eine kleine kalte Glocke angefasst, liefert das Sehzentrum eine Kirchenglocke aus dem Datenspeicher. Aufgrund der Datenverknüpfung liefert das Hörzentrum den passenden Klang dazu und das Geruchszentrum den passenden Geruch der Situation.

Eine perfekte Simulation entsteht, in der wir die Glocke sehen, sie hören und die Rose riechen. Dazu haben wir noch das Gefühl, wir hätten sie berührt.

In Wirklichkeit haben wir aber nur einen Datensatz empfangen, der dazu auf NICHTS basiert.

Lediglich das elektromagnetische Feedback der beteiligen Atome hat dabei eine ganze Kaskade an Erinnerungen ausgelöst, die uns eine Realität erschaffen haben. Die aber gar nicht existent ist in diesem Moment.

5) Der Geschmackssinn

Der Geschmackssinn ist direkt mit dem Geruchssinn verknüpft, da beide sehr nah beieinander liegen. Seine Funktion ist zu 100% identisch und daher möchte ich nicht extra auf ihn eingehen. Aber auch hier entsteht natürlich erst die Realität (ich habe etwas geschmeckt) im Gehirn. Sind die Geschmacksrezeptoren UND die Geruchsrezeptoren ausgeschaltet, so merken wir zwar, dass wir etwas im Mund haben (aufgrund der Drucksensoren), aber nicht was. Weil dem Gehirn die Daten fehlen, die entsprechende Simulation zu erstellen.
Ein Löffel Nutella im Mund hingegen löst bei uns z.B umgehend das Bild eines Nutellaglases aus (so wie Sie grade auch ein Glas Nutella sehen). Vielleicht hören wir sogar den passenden Werbeslogan dazu oder sehen gar die Werbung, die wir zuvor im TV gesehen haben. Auch hier entsteht eine Realität, die nicht existent ist und nur auf Daten aus der Erinnerung beruht. Ausgelöst von sensorischen Daten der Zunge.

Natürlich verfügt der Mensch noch über weitere Sinne, doch diese fünf sollen uns erst einmal ausreichen, um die Simulation in ihren Grundzügen zu erfassen.
Zusammenfassend können wir also sagen, dass ALLES, was wir als existent annehmen, nur eine Simulation in unserem Gehirn ist.

„Aber der Tisch, den ich berühre, ist doch da!", werden Sie nun sagen. Doch ich kann Ihnen versichern, dass der Tisch absolut nicht real ist! Warum? Darum:

Die Natur der Materie

Materie, was ist das? Wir haben in der Schule gelernt, dass Materie aus Teilchen besteht. Aus Atomen. Jegliche Materie besteht aus unterschiedlichen Atomen. Diese wiederum bestehen aus Elektronen und Nukleonen (Neutronen und Protonen). Diese wiederum bestehen aus noch kleineren Teilchen, den sogenannten Quarks. Diese bestehen aus... aber dazu kommen wir später...

Das Atom: Ein riesiger, winziger Haufen Nichts.

Wenn wir uns ein Atom in seiner ganzen Pracht ansehen, so stellen wir fest, dass es aus einer Elektronen"hülle" besteht und einem Atomkern. Die Elektronenhülle ist der Bereich, in dem sich die Elektronen in ihrer Wellenform bewegen, je nach Energieniveau, die sie gerade haben.
Ganz grob gesagt, wie Planeten um eine Sonne, jedoch nicht in Bahnen sondern in „Wolken", da man nie genau sagen kann, wo sich ein Elektron gerade befindet und mit welcher Geschwindigkeit es gerade wandert. (s. Heisenbergsche Unschärfe).
Das Elektron hat dabei jedoch so gut wie keine Masse. Sie ist so gering, dass man sie im Alltag getrost ignorieren kann.

Ganz anders der Atomkern, in dem sich 99,9% der gesamten (durchaus immensen) Masse des Atoms befindet.
Doch was befindet sich zwischen der Elektronenhülle und dem Atomkern? Die Antwort lautet: NICHTS. Ein perfektes Vakuum. Kein Teilchen, keine Schwingung, keine Bewegung. Absolut leerer Raum. Dieses „Nichts" macht 99,99999% des Atoms aus. Schon an dieser Stelle sieht man, dass ein Atom fast nicht existent ist. Was das Atom aber so präsent macht, ist seine elektromagnetische „Hülle" mit der es umgeben ist und die ihm seine runde Form gibt.

Und der Atomkern? Darin befinden sich die Neutronen und/oder Protonen. Diese extrem schweren Kernteilchen sind dafür verantwortlich, welchem Element das Atom angehört. Doch auch sie sind mit einer elektromagnetischen „Hülle" ausgestattet, die verhindert, dass sie sich berühren. Denn dann würde das Atom wieder in Windeseile explodieren. Zwischen den Protonen herrscht aufgrund ihrer Ladung (+) eine Abstoßung. Doch diese ist nur eine detailliertere Ausdrucksform der elektromagnetischen Hülle und besteht nur aus Information. Aus Daten.
Zoomen wir ein wenig näher ran und begeben uns in ein Proton oder Neutron hinein, so werden wir feststellen, dass es im Prinzip wie ein Atom selbst aufgebaut ist, nur diesmal mit drei „Atomkernen".
Diese drei „Kerne" sind die Quark (up- und down-Quarks). Zwischen diesen Quarks und der „Hülle" ist wiederum (Sie werden es vermutlich erahnen) 99,99999% leerer Raum.

Dieser leere Raum ist hier jedoch zusätzlich noch mit etwas gefüllt, das man in der Physik „Gluonen" nennt: Daten, die die Position der Quarks bestimmen.

Zoomen wir weiter in die Quarks, so stellen wir überrascht fest: Da ist nichts mehr, denn Quarks besitzen keine eigene Masse. Und ohne Masse ist alles nur noch Information. Somit hat das Atom selbst keinerlei Masse, denn weder die Kernteilchen noch die Elektronen besitzen in Wirklichkeit so etwas wie Masse, denn sie sind in Wahrheit keine Teilchen!

Keine Teilchen? Der Welle-Teilchen-Dualismus.

Umfangreiche Versuche haben schon vor langer Zeit ergeben: Alles ist Energie. Alles ist Welle, elektromagnetische Schwingung. Erst wenn wir diese Schwingung messen („hinsehen") wir daraus ein Teilchen. Und die Masse entsteht. Es muss also etwas existieren, das dem Teilchen eine Masse gibt, wenn es keine Welle mehr sein möchte. Es möchte dann keine Welle mehr sein, wenn wir damit interagieren wollen. Ohne Interaktion ist es reine Information. Sonst nichts. Masselos und nicht vorhanden.

Und wo entsteht aus Information, aus „Nichts", „Etwas"? Richtig: In unserem Gehirn.

Eine Information (elektromagnetische Welle) erreicht einen unserer Sensoren und unser Gehirn entwirft die passende Simulation dazu.

Solange wir aber ein Atom nicht beobachten (messen), solange existiert es nur als Welle, als Schwingung, als Information.

Es ist also solange nicht existent, bis unser Gehirn es benötigt, damit unser Körper damit in wie auch immer geartete Interaktion treten kann.

Endet die Simulation dieses Teilchens, aufgrund nicht mehr vorhandener Interaktion, hört auch das Teilchen auf zu existieren. Es wird wieder zur Welle und kehrt in das „Meer" des elektromagnetischen Feldes des Universums zurück.

Und genau das ist das Einzige, das in Wirklichkeit existiert: Das elektromagnetische Feld. Alles andere ist virtuell und entsteht erst in unserem Gehirn, bis es nicht mehr gebraucht wird und wieder verschwindet.

Realität: Ein Tisch entsteht

Erfassen (messen) wir z.B. einen Tisch, weil wir ihn gerade brauchen oder er in unserem Blickfeld erscheint, so erstellt das Gehirn die Simulation eines Tisches. Die Art und Form des Tisches hängt von unseren Erinnerungen und unserer Art der Erfassung ab, die Art der Daten und die Art der Datenübertragung zum Gehirn.

Was passiert dabei?

1) Die Photonen (elektromagnetische Wellen), die vom Tisch reflektiert werden, erreichen unser Auge und werden an das Gehirn weitergeleitet. Das Gehirn erstellt die Simulation der Form und der Farbe des Tisches aus den empfangenen Daten.
2) Wir gehen näher ran und riechen das noch frische Holz des offenbar noch neuen Tisches. Zusammen mit der optischen Information entsteht das Objekt „Holztisch" und wird als solches simuliert.
3) Wir hören, wie eine Person ein Glas auf dem Tisch abstellt. Das dumpfe Geräusch dringt als Schallwelle in unser Ohr und das Datenpakt „dumpfer Klang" gelangt ins Gehirn, woraus das Gehirn aus den Erinnerungen heraus einen „schweren Eichentisch" macht.

4) Nun stehen wir vor dem Tisch und berühren ihn. Seine Oberfläche ist rau. Die Drucksensoren melden den Datensatz der Oberfläche, also der Atomanordnung an das Gehirn, das daraus die Simulation „rauer schwerer Eichentisch" macht.
Da wir ihn nun mit mehr als drei Sinnen erfassen, ist der Tisch für uns „real" und wir können beliebig mit ihm interagieren innerhalb der simulierten Realität, die an die Naturgesetze gebunden ist in der sie erstellt wurde.
Stehen wir jedoch wieder auf und drehen uns um, so werden all die manifestierten Atome sofort wieder in Wellen umgewandelt und der Tisch verschwindet aus unserer Simulation. Er wird schlicht nicht mehr benötigt, da er keinerlei Interaktion mehr unterzogen wird.
Drehen wir uns dann wieder um, so manifestieren wir den Tisch nicht mehr aus den Daten, die wir empfangen. Denn diese haben wir ja schon kurz zuvor erhalten. Der Tisch wird nun sofort aus den gespeicherten Erinnerungen simuliert und manifestiert (aus dem Cache). Dass das Glas auf dem Tisch umgefallen ist, sehen wir erst 1-2 Sekunden später, denn solange dauert es, bis das Gehirn die neue (nun veränderte) Simulation erstellt hat.

Da die Wahrnehmung dieses Tisches bei jedem Lebewesen unterschiedlich ist (meist sehr subtil), sieht jedes Lebewesen den Tisch anders. Es gibt den Tisch nicht zweimal.
Nur weil ein anderer Mensch diesen Tisch sieht, ist es nicht automatisch der gleiche Tisch, denn dessen Gehirn erstellt den Tisch nicht auf die gleiche Art und Weise.
Er kann sich extrem ähnlich sein, wird aber immer Unterschiede aufweisen.

Das kann so weit gehen, dass sowohl Temperatur, Form als auch Farbe des Tisches Gegenstand einer lebhaften Diskussion werden. Das Problem dabei: Beide Diskussionspartner haben Recht.

Jeder hat seinen „eigenen Tisch", denn jedes Gehirn erstellt seine eigene Realität, die inkompatibel mit allen anderen Realitäten ist, die andere Gehirne erstellen. Das berühmteste Beispiel wird wohl die Zahl 6 sein, die zwischen zwei Personen liegt. Aufgrund der Form und der Erinnerung macht das eine Betrachter-Gehirn eine „6" daraus, das andere jedoch eine „9". Beides ist korrekt. Jedoch nur in der eigenen Realität. Eine Diskussion darüber wäre also von vorn herein zum Scheitern verurteilt, weil jedes Lebewesen seine eigene Realität erschafft.

Auf diese Art und Weise, wie der Tisch in der Realität erschaffen wird, wird alles in der „Matrix" generiert und simuliert. Natürlich auch unser Körper, mit dem wir dieses „Spiel" spielen. Daher nenne ich unseren Körper in weiterer Folge „Spielfigur" und uns selbst „Spieler".

„Du bist, was du denkst!"
[Anm. d. Simulations-Verwaltung]

Das „Spiel"

Viele werden sich nun fragen: Wozu das Ganze? Welchen Sinn macht ein Leben in einer Simulation? Da gibt es eine Menge Ansätze, die unterschiedlicher nicht sein könnten.
In diesem Buch gehen wir davon aus, dass wir in einer freiwilligen Simulation leben um eine bestimmte Zeitspanne zu überstehen. Diese Variante möchte ich „Katastrophentheorie" nennen.
Doch es gibt auch die These, dass unser Leben simuliert ist, damit unsere Seele sich in der „materiellen Welt" weiterentwickeln kann. In diesem Falle wären „wir" ebenfalls außerhalb der Simulation aber würden ein „Computerspiel" spielen, in dem wir eine Spielfigur (unseren Körper) steuern. Diese These nenne ich „Spieltheorie". Der Unterschied hier wäre, dass wir das Spiel freiwillig beenden können, da wir jederzeit Zugriff von außen haben. Wenn die Simulation jedoch nicht bewusst beendet werden kann, wie in unserer Vorgeschichte, dann sind wir darauf angewiesen, dass das Spiel selbst „terminierbar" ist, oder dass uns eine KI aufweckt, wenn der Zweck der Simulation beendet ist.
In beiden Fällen jedoch würde der Tod der „Spielfigur" die Simulation beenden. Würde also die Spielfigur im Spiel sterben, so würden wir das erfahren, was viele Religionen „Wiedergeburt" nennen und unser Bewusstsein (wir) würde erneut Besitz von einer Spielfigur ergreifen.
Welche der beiden Varianten auf uns zutrifft, ist unklar und wir werden es im Folgenden genauer analysieren.

Das Spiel, der Tod und die Religionen

In jeder Religion ist natürlich das zentrale Thema (neben einer Schöpfung) der Tod.
Die abrahamitischen Religionen (Judentum, Islam, Christentum) und seine Ableger gehen davon aus, dass die „Seele" den Körper nach dem Tod verlässt und bei „Gott" wohnt, wo sie als reine Seele existiert.
In der Katastrophentheorie (KT) wäre das Pendant hierfür das Ableben der Spielfigur und das Beenden des Spieles. Das würde bedeuten, dass der Spieler die Simulation beendet und erwachen würde. Dies jedoch würde zu massiven Komplikationen führen, denn die „reale" Welt ist in dieser Variante erst dann wieder bewohnbar, wenn die KI alle Spieler gleichzeitig weckt, weil die Erde erneut Leben an der Oberfläche zulässt. Der Spieler würde somit in einer Welt aufwachen, die für ihn den sicheren Tod bedeutete. Daher ist eine Reinkarnation hier zwingend erforderlich, bei der der Spieler erneut in das Spiel einsteigen würde. Um die Stringenz der Simulation dabei nicht zu gefährden, würden wir jedoch einen anderen Körper erhalten als zuvor. Denn würde die gleiche Spielfigur erneut auftauchen, würde das bei anderen „Mitspielern" durchaus Fragen aufwerfen. Und das ist nicht im Sinne der KI, die das Spiel steuert.

In den meisten Religionen ist der Freitod (Suizid) eine Todsünde, der mit der „Hölle" bestraft wird.

Für viele Menschen ist dies jedoch Ansichtssache.

Doch wenn man die KT zu Grunde legt, dann hätte dies Hand und Fuß, denn was würde passieren, wenn wir unsere Simulation selbst beenden? Wir würden erwachen und würden uns in einer zerstörten Welt wiederfinden, in der wir nicht überleben könnten. Es wäre de facto die „Hölle" für uns.

In die Spieltheorie (SpT) hingegen wäre dies ohne Probleme möglich, denn hier würde der Spieler sein aktuelles Spiel einfach beenden um danach nicht mehr weiter zu spielen. Aus welchen Motiven auch immer.

Soweit die Grundlagen der Simulationstheorie. Widmen wir uns nun der „Matrix" selbst.

„Es ist DEINE Simulation! Sie wird das bringen, was DU willst!"
[Anm. d. Simulations-Verwaltung]

Die Matrix – Das „große Spiel"

Die Matrix ist die Grundlage für das Computerprogramm (die Simulation), das die KI erstellt, damit wir darin unser Spiel spielen können (bewusst oder unbewusst). Es ist vergleichbar mit einem Computerspiel, das eine Welt simuliert. Das beste Beispiel hierfür ist wohl das Spiel „die Sims", in dem der Spieler eine oder mehrere Figuren steuert (aktiv) oder nur beobachtet (passiv). Die Simulation an der wir teilnehmen ist jedoch unglaublich viel komplexer und bis auf ein subatomares Level hinunter simuliert. Unsere heutige Rechnerleistung, die wir innerhalb der Simulation entwickelt haben, reicht dafür bei Weitem nicht aus. Doch in spätestens 50 Jahren sollte die Technik soweit ausgereift sein, dass wir unsererseits eine Simulation erstellen können, die von der „Realität", also der Simulation, in der wir leben, nicht mehr zu unterscheiden sein wird. In diesem Falle hätten wir eine Simulation in einer Simulation erstellt. In die wir bewusst eintauchen können, oder in der wir beobachten könnten, was dortige simulierte Wesen so machen.

In der KT-Variante der Simulation würden wir eine aktive Rolle einnehmen, da es keinen externen Beobachter gibt (da wir uns ja im Kälteschlaf befinden). Unser Bewusstsein (WIR) würde dabei die Spielfigur die ganze Zeit steuern. Wir hätten keine Betrachter-Rolle.

In der SpT-Variante wären wir vermutlich hauptsächlich passiv und würden beobachten, was die Spielfigur tut, ganz wie im Spiel „die Sims". Dabei hätte sie einen vorgegebenen programmierten Willen der sie steuert. Wir können jedoch jederzeit eingreifen und sie „fernsteuern".

In beiden Varianten wäre unser Ziel jedoch das Gleiche: Entwicklung. Wie in einem Computerspiel, versuchen wir, unsere Spielfigur zu verbessern um damit mehr Zugriff auf die Matrix zu erhalten und damit besser Möglichkeiten, unser Leben zu gestalten.

NPCs – „Non Playing Charakters"

Damit wir in der Simulation überhaupt spielen und wachsen können, brauchen wir neben einer perfekten Bühne auch vor allem eines: MitspielerInnen!
In beiden Varianten (KT und SpT) stehen mit großer Wahrscheinlichkeit nicht genügend Spieler zur Verfügung um eine stringente Gesellschaft aufzubauen. Daher erschafft die KI die sogenannten NPCs (Nichtspieler-Charaktere), sprich, Programme, die aussehen und agieren, wie durchschnittliche Menschen, jedoch nicht aktiv von einem Spieler gesteuert werden. Diese verhalten sich so, wie es ihre Programmierung zulässt und weichen in der Regel nicht davon ab. Es kann davon ausgegangen werden, dass nur einige tausend Spieler in der jeweiligen Simulation aktiv sind. Alle anderen Menschen wären somit rein von der KI gesteuert um mit uns zu interagieren. Aktiv oder passiv. Die meisten Menschen, denen wir täglich im Vorbeigehen begegnen, sind solche Programme, solche NPCs. Sie interagieren normalerweise nicht mit uns, es sei denn, es besteht die Notwendigkeit (sie brauchen Hilfe etc.). Sobald wir aber in direkte Interaktion mit ihnen treten, werden sie gemäß ihrer Grundprogrammierung aktiv. Sie sprechen mit uns oder interagieren auf andere Art und Weise. Zustimmend oder ablehnen, je nach dem wie sie programmiert sind.
Die Interaktionen mit solchen Programmen ist in der Regel kurz und nicht sehr tiefgehend.

Normalerweise blendet unser Unterbewusstsein diese Figuren schlicht aus, da sie für uns nur rein optisch relevant sind, damit wir uns nicht alleine fühlen. Sie gehen einfach an uns vorüber.
Wir können uns jedoch durchaus mit solchen NPCs anfreunden und sogar täglich mit ihnen interagieren. Dann jedoch zumeist auf die gleiche Art und Weise. Man trifft sich beim Einkauf oder beim Spazierengehen und tauscht Smalltalk aus.
Trifft man jedoch auf einen weiteren Spieler, so sieht die Interaktion völlig anders aus. Wir werden von diesem Menschen magisch angezogen und er von uns. Man trifft sich und merkt sofort „wir sind verbunden". Verbunden auf eine bestimmte Art und Weise, die wir uns nur selten erklären können. Die Interaktion, die mit diesem Menschen entsteht gipfelt normalerweise in einer sozialen Bindung. Dies kann eine Freundschaft, eine Partnerschaft oder sogar eine Feindschaft sein. Hier kommt dann die komplette Palette an Funktionen ins Spiel, die die KI für echte SpielerInnen zu bieten hat. Unser simulierter Körper reagiert mit Ausschüttung von Hormonen, die unsere weitere Interaktion mit diesem Menschen von Anfang an prägen. Es entsteht Sympathie oder Antipathie. Dies kann man natürlich auch für einen NPC empfinden, aber dann zumeist auf einem eher niedrigen Level. Dies sind Bekannte, mit denen man sich ab und zu trifft oder mit denen man ab und zu telefoniert.
Spieler jedoch, die sich gefunden haben, bleiben in der Regel ein Leben lang zusammen, selbst wenn sie sich innerhalb der Simulation räumlich voneinander entfernen. Das muss kein Mensch sein, das kann auch ein beliebiges anderes Wesen sein.

Ein Tier z.B. oder gar ein Baum, den man im Garten stehen hat und zu dem man eine Bindung entwickelt. Denn es kann durchaus sein, dass SpielerInnen keine Menschen wählen sondern ein anderes Lebewesen, wenn sie in die Simulation einsteigen. Nach dem Motto: Warum nicht mal einen „Baum" spielen.

Es kommt jedoch sehr oft vor, dass man versucht, zu einem NPC eine engere Bindung aufzubauen. Dies gelingt normalerweise auch recht gut, da die Programmierung der NPCs dies zulässt. Eine solche Beziehung ist jedoch meist nur oberflächlich und hält nicht sehr lange an. Irgendwann merkt man, dass „da nichts ist" und geht getrennte Wege. Die meisten Beziehungen laufen so, vor allem, wenn man noch nicht sehr weit fortgeschritten ist innerhalb der Simulation. Wenn das „Spiellevel" noch niedrig ist. Mit weiterer Erfahrung erkennt man dann aber irgendwann diese NPCs und bindet sich nur noch an echte Spieler. Die „Liebe fürs Leben" findet man nur selten am Anfang der Simulation und zumeist erst, wenn man dafür bereit ist. Das liegt daran, dass SpielerInnen sehr wählerisch sind, vor allem jene, die schon ein paar Level höher sind. NPCs sind in der Regel „leicht zu haben", da ihre Programmierung keine tiefer gehende Interaktion zulässt oder verlangt.

Der gravierendste Unterschied zwischen NPC und SpielerIn ist jedoch die Kommunikationsbandbreite. Man kann mit einem NPC z.B. kaum über die „Simulationstheorie" philosophieren, da seine Programmierung nicht zulässt, dass sich sein Weltbild grundlegend ändert.

Wir geben uns also sehr oft vergeblich Mühe, Spielfiguren zu ändern, denn diese sind schlicht so programmiert, sie können nicht anders.

Will man ihnen mit Fakten ein anderes Bild aufzeigen, reagieren sie oft unlogisch oder gar aggressiv. Dafür können sie aber nichts, denn wir können ihre Programmierung auf diese Art und Weise nicht ändern.

Da müssen wir an einer völlig andere Stellen manipulieren um das zu erreichen. Aber dazu später mehr.

Wenn wir also unsicher sind, ob das Gegenüber NPC oder SpielerIn ist, so erfahren wir das am ehesten, wenn wir ein Thema anschneiden, das fernab des „Mainstream" gelagert ist. Ein NPC wird meist ablehnend reagieren oder sogar mit verbalen Entgleisungen. SpielerInnen werden jedoch in der Regel darauf eingehen und zumindest eine Diskussion darüber beginnen. Spielfiguren, die z.B. das Wort „Verschwörungstheorie" verwenden sind mit großer Sicherheit NPCs. Es gibt jedoch durchaus auch SpielerInnen, die sich als NPC tarnen, um nicht erkannt zu werden, weil sie eine bestimmte Aufgabe innerhalb der Simulation haben. Dazu aber auch später mehr.

Einen echten Spieler erkennen wir meist auch unbewusst. Wenn SpielerInnen uns beobachten, so merken wir dies. Wir drehen uns um und der Mensch schaut uns an. Ein NPC würde so etwas nicht tun. Er hat keinen Anlass dazu. Wenn so etwas passiert, können wir also davon ausgehen, dass diese Menschen MitspielerInnen sind. Manchmal trifft man gar einen Menschen, von dem man das Gefühl hat, dass man ihn „schon ewig kennt".

Hierbei ist die Wahrscheinlichkeit groß, dass es sich um SpielerInnen handelt, mit denen man auch in der „realen Welt" sehr engen Kontakt hat/hatte.

Mit diesen sollte man auf jeden Fall in Interaktion treten, was jedoch zumeist eh automatisch geschieht, da sich solche SpielerInnen gegenseitig wie Magneten unwiderstehlich anziehen.

Wir schreiten also durch eine simulierte Welt, die von Programmen bevölkert wird und nur von sehr sehr wenigen SpielerInnen.
Von unseren (derzeit) 7.5 Milliarden Menschen auf der Welt sind vermutlich nur ein winziger Bruchteil echt, vermutlich wenige tausenden bis hunderttausend. Die Chance, auf SpielerInnen zu treffen ist also gar nicht mal so groß. Daher sollten wir jede Chance auf Interaktion nutzen, wenn wir auf einen treffen.

„Du bist Wichtigste in deiner Simulation!"
[Anm. d. Simulations-Verwaltung]

Der Aufbau der Matrix

Dieser Abschnitt beschreibt, wie die KI die Simulation aufbaut und wie die Interaktion in ihr stattfindet. Da dies sehr in die Tiefe geht und vermutlich nicht allzu leicht verständlich ist, dürfen Sie das Kapitel gerne überspringen, wenn es Ihnen zu „fachspezifisch" ist. Es hat keine Einfluss auf das Verständnis des Restes des Buches, denn es reicht im Grunde aus, zu wissen, dass alles eine Simulation ist. Aber es kann sicher nicht schaden, einen Blick „hinter die Kulissen" zu werfen ;-)

In den 70ern gab es einen Herrn Kirlian, der erfolgreich versucht hat, die „Aura" eines Objektes mithilfe von Hochspannung darzustellen. Was ihm auch gelang. Durch das starke elektrische Feld, bildet sich um ein Objekt (im Versuch ein Blatt) herum ein Plasmafeld, das leuchtet und das man sehen konnte. Als man jedoch ein Stück des Blattes abschnitt und es erneut untersuchte, stellte man verblüfft fest, dass die alte Form immer wieder in die Realität „zurückpoppte, sprich, das Plasmafeld stellte die ursprüngliche Form des Blattes für wenige Millisekunden dar, obwohl das Blatt abgeschnitten war. Bekannt wurde das Phänomen unter dem Namen „Phantom leaf experiment". Dieses Experiment wurde mehrfach wissenschaftliche bestätigt (siehe hierzu auch: https://pubmed.ncbi.nlm.nih.gov/25603488/).
Bis heute weiß man nicht genau, was man davon halten soll. Gibt es vielleicht eine zugrundeliegende „Bioform"? Ja, die gibt es in der Tat!

Und zwar ist es die Grundform eines Objektes, dessen Daten die Matrix, in der unsere Simulation stattfindet, bereitstellt: Das „morphogenetische (formgebende) Feld" (nachfolgende MGF genannt). Dies ist der Datensatz, der die Form beinhaltet. Diese Datensätze sind nicht Teil der Simulation sondern Teil der Matrix selbst. Sie dienen dazu, die Simulation zu erstellen und zwar so, wie wir sie wahrnehmen. Dieses MGF erzeugt nun das Blatt, das wir sehen können und gibt die Form vor, zu der es wachsen soll. Dieser Datensatz ist in der DNA codiert und gespeichert. Durch Auslesen dieser Daten kann jeder Körper, der RNA oder DNA enthält, seine Form erhalten, in der er wachsen soll.

Diese Form nimmt unser Gehirn dann durch elektromagnetische Wechselwirkung wahr und macht die Simulation daraus: Ein Blatt entsteht. Das natürlich nicht wirklich existiert, sondern nur ein Datencluster in unserem Gehirn ist, das nicht die Grundform darstellt sondern eine INSTANZ der Grundform, eine virtuelle Kopie. So wie unser Körper selbst auch und alle Objekte, die existieren. Alle bestehen aufgrund des MGF und werden von unserem Gehirn simuliert.

Soweit, so kompliziert. Doch was passiert, wenn wir die Form verändern? Wenn wir einen Teil des Blattes abschneiden? Unser Gehirn ändert nun die INSTANZ (virtuelle Kopie) der Form in der Simulation und das Blatt erscheint uns abgeschnitten. Doch in Wirklichkeit hat sich das Blatt, das ja nur aus Daten besteht, nicht geändert! Nur der simulierte Teil, den wir wahrnehmen. Die Grundform, das MGF ist unangetastet und unverändert.

Wäre dies nicht so, würden sich in allen Simulationen alle Blätter verändern und aussehen wie das Abgeschnittene. Das darf jedoch natürlich nur mit „unserem" Blatt passieren.

Durch das elektrische Feld im Experiment kann aber das MGF selbst dargestellt werden! Also die Grundform des Blattes. Unser Gehirn will das aber nicht sehen, also blendet es die Form aus, zugunsten der „abgeschnittenen Form".

Unser Gehirn ist in der Lage, bis zu 20 Bilder pro Sekunde zu verarbeiten (sehr wenig!). D.h. jedes Bild, das wir erhalten, hat einen „Zeit-Datensatz" von 50 Millisekunden. Dazwischen liegen große Pausen, denn es fließen weit mehr Photonen zu uns, als verarbeitet werden. Daher verpassen wir sehr viel in Wahrheit, ausgefiltert von unserem „Türsteher", dem Unterbewusstsein. Deswegen hat unser Gehirn die Fähigkeit der „Interpolation". Es simuliert die fehlenden Teile aufgrund der umliegenden Daten. D.h., das, was wir wahrnehmen, kann sich von der Realität drastisch unterscheiden, bis wir ein „Update" des Bildes bekommen. Da das Objekt, das wir sehen, eine Simulation ist, wechselt es ständig zwischen „Realität" und „Quantenschaum" hin und her. Es entsteht und vergeht in winzigen Zeitabständen, nämlich im Abstand der sogenannten „Planck-Zeit". Dies ist die kleinst möglich Zeiteinheit innerhalb der Simulation (unglaublich klein mit 5.4×10^{-44} Sekunden), da diese Zeit der physikalischen Vorgabe des Matrix-Computers entspricht.

Sprich, die Zeit, die ein Elektron im Matrixrechner benötigt, um von einem „Transistor" zum anderen zu wechseln. Also der kleinste Zeitabstand, den dieser Computer simulieren kann. Ein verflucht guter Computer...

Wenn wir nun aber eine Aufnahme machen, einen Film, der mit weit mehr als 20 Bilder pro Sekunde arbeitet, können wir durch Zufall das Objekt gerade dabei erwischen, wie es „tunnelt", sprich, wie es in unsere simulierte Realität wechselt und wieder verschwindet. Das können wir normalerweise nicht wahrnehmen, da wir keinen Sinn haben, der diesen Vorgang beobachten könnte. Die Technik jedoch schon, denn sie ist , im Gegensatz zu unserem Gehirn, unbestechlich.

Daraus folgt, dass wir mit dieser Methode die Grundform des Blattes erkennen können, die sich niemals verändert durch unsere Interaktion. Wir sehen die „Trägerfrequenz" der Matrix, auf der unsere Simulation „aufmoduliert" ist!
Das hat unglaublich weitreichende Folgen. Mehr als Ihnen vielleicht gerade bewusst ist.

Machen wir einen kleinen Abstecher in die „Realität", die wir alle kennen:
Ein Mann verliert seinen Arm. Doch er kann ihn nach wie vor fühlen, ab und zu. Das nennen wir gemeinhin „Phantomschmerzen". Die Wissenschaft erklärt es damit, dass das Gehirn noch nicht gelernt hat, dass der Arm weg ist und so noch Output generiert als wäre er da. Das ist jedoch nicht ganz korrekt. In Wirklichkeit ist es so, dass das morphogenetische Feld, der Datensatz, der unsere Form bestimmt, noch vorhanden ist. Und es ist dieses MGF, das mit der Umwelt interagiert und nicht unserer simulierte Materie.
Die kann dies nicht, weil sie ja gar nicht existiert. Wenn nun unser MGF ein anderes MGF „berührt", kommt es zum Datenaustausch.

In der Regel erhält der Nerv dadurch die Information „Sende einen Impuls ans Gehirn und melde Berührung". Unser Gehirn empfängt diesen Impuls und macht eine spürbare Berührung daraus. Doch aufgrund der Abstoßungsreaktion der elektromagnetischen Kraft können wir in Wahrheit ja nichts berühren. Unsere MGF aber sehr wohl. Denn wenn zwei MGF miteinander interagieren, entsteht ein Datenstrom. Und den können wir empfangen. Aus diesem Datenstrom entsteht das, was wir „Realität" nennen, das, was wir wahrnehmen können mit unseren Sinnen. Im Falle des armlosen Mannes bedeutet das, dass sein Arm nach wie vor vorhanden ist, weil sich sein MGF ja gar nicht verändert hat, sondern nur seine Simulation! Wäre er eine Eidechse, könnte er aufgrund der Information des MGF seinen Arm einfach nachwachsen lassen, denn sein Wachstum folgt einfach dem MGF in seine ursprüngliche Form. Alles was wächst, wächst in die Form des vorgegebenen MGF. Doch das Gehirn des Mannes ist davon überzeugt, dass sein Arm weg ist, also filtert das Unterbewusstsein die Daten des MGF einfach aus. Und deswegen wächst er auch nicht nach. Aber das MGF interagiert ja nach wie vor mit der simulierten Umgebung und so kann es vorkommen, dass unser Gehirn den Datenstrom, der dabei entsteht, nicht korrekt ausblenden kann und der Impuls des MGF dennoch bewusst verarbeitet wird. Und dann entsteht ein Berührungsreiz im Gehirn durch „virtuelle Rückkopplung". Der zuvor auch schon virtuelle Reiz wird nun simuliert und man hat „Phantomschmerzen", weil das MGF des Armes bei einer Bewegung gegen ein Objekt gestoßen ist und somit mit einem anderen MGF interagiert hat.
(Alles klar soweit? :-D)

Unser eigener Körper ist so gestaltet, wie es das MGF vorgibt. Wenn er ausgewachsen ist, erreicht er die „Grundform", die vorgegeben wurde. So wie wir, die Spieler, unsere Spielfigur gestaltet haben mit der wir durch die Simulation gehen oder die uns zugewiesen wurde. Werden wir älter, verändert sich nicht die Form. Es verändert sich nur die Simulation der Form, die Instanz, die unser Gehirn erstellt hat und die wir im Spiegel sehen können. Unser MGF bleibt dabei unverändert, Sterben wir, so hört die Simulation auf, aber unser MGF ist nach wie vor vorhanden. Der Datensatz ist gespeichert im Basisfeld der Matrix. Und daher können wir einfach „neu laden" und aus dem MGF unseren Körper neu erstellen, wenn wir das wollen. Oder eben einen anderen Körper annehmen, mit dessen MGF wir dann erneut in die Simulation eintreten.

Die gesamte Simulation besteht also aus morphogenetischen Feldern, die ihrerseits aus einem Datensatz bestehen, der alles enthält, was die Grundform ausmacht. Hätten wir die Fähigkeit, ein MGF aktiv zu verändern, würden wir zu „Göttern", die fähig sind, die Matrix selbst umzuprogrammieren. Doch dies ist uns aus naheliegendem Grunde in der Regel verwehrt.

1988 haben zwei Forscher des Schweizer Chemiegiganten Ciba Geigy (Guido Ebner und Heinz Schürch) jedoch genau dies getan! Sie setzten Samen von Hochleistungssaatgut über mehrere Tage einem elektrischen Feld aus. Danach brachten sie die Samen zur Keimung und ließen sie wachsen.
Zu ihrem Erstaunen hatte sich die DNA der Pflanzen so weit verändert, dass diese ihrer Urform entsprachen, also so, wie sie VOR der „Verzüchtung" waren.

Sie benötigten keinerlei Pflanzenschutz oder Kunstdünger mehr, waren trocken-resistent und brachten bis zu 300% mehr Fruchtkörper.

Dies wurde auch mit einem Wurmfarn gemacht, der danach einem Urfarn aus einer Zeit vor vielen Millionen Jahren ähnelte. Auch seine DNA hatte sich in eine Urform zurückentwickelt. Auch Eier von Zuchtforellen wurden über Wochen einem E-Feld ausgesetzt und auch deren DNA änderte sich so grundlegend, dass sie plötzlich der längst ausgestorbenen Wildforelle glich. Es musste also etwas geben, das die Grundform des Wesens gespeichert hatte. Die aktuelle Form musste also diese Grundform noch beinhalten. Die DNA kommt dabei nicht in Frage, denn die war ja nachhaltig verändert. Das MGF jedoch enthält stets die Grundform des Objektes, so wie es von der Grundprogrammierung des Datenfeldes der Matrix (dazu später mehr) vorgesehen ist. Jede Veränderung am Objekt selbst (sei es evolutionär bedingt oder künstlich), wird dabei als „Update" im MGF gespeichert. Die ursprüngliche Form bleibt jedoch, rein datentechnisch, erhalten. In etwa so, als würde man Windows nach vielen Updates wieder in den „Werkszustand" versetzen. Die DNA selbst wird also stets vom MGF programmiert. Eine Tatsache, die man sehr viel später herausfand und die man heute „Epigenetik" nennt. Ein extrem spannendes und noch recht junges Feld der Genetik, das beschreibt, dass Gene an- und abgeschaltet werden können, durch innere und äußere Faktoren.

Die Versuche der beiden Forscher (die aus kapitalistischen Interessen eingestellt wurden) beweisen also sehr schön die Existenz der morphogenetischen Felder.

Die Akasha-Chronik – Die Datenbank der Matrix

Als „Akasha-Chronik" wird allgemein etwas benannt, das alles Wissen des Universums enthalten soll. Alles Wissen, das war, das ist und das sein wird. Auf den ersten Blick ein zutiefst esoterisches Konstrukt, das als solches natürlich weder verifiziert noch falsifiziert werden kann. Zwar gibt es Menschen, die behaupten, dass sie Zugriff auf diese Chronik haben und dadurch immer wieder auf neues Wissen stoßen, das ihnen weiterhilft oder das sie gar veröffentlichen, aber das sind natürlich erst einmal nur Behauptungen, die für andere nicht nachweisbar sein. Es kann stimmen oder aber auch nicht.

Aber wenn wir uns das Ganze aus Sicht der Simulationstheorie anschauen, wird es schon um einiges plausibler:
Wie ich zuvor beschrieben habe, besteht alles, was existiert, aus Daten und Mustern („morphogenetischen Feldern", „Wellenmustern") innerhalb einer Simulation. Diese Wellenmuster beschreibt die Quantentheorie (QT) im Detail. Jedes Elementarteilchen hat ein Wellenmuster aus dem es innerhalb der Simulation erschaffen wird.
Wenn das Wellenmuster „wahrnehmbar" wird, sprich, wenn es zum erfahrbaren Teil der Simulation wird, spricht die QT vom „Kollaps der Wellenfunktion" und das Teilchen wird „real".
Aber es ist dennoch in Wahrheit weiterhin nur simuliert.

Innerhalb dieser Simulation können wir uns nun mit unserem simulierten Körper so frei bewegen, wie es die Grundprogrammierung der Matrix zulässt. Doch jede Aktion erzeugt eine Reaktion, sprich: bewegte Muster erzeugen Daten. Daten über Position innerhalb der Simulation und Daten über den Zustand der Muster aus denen wir bestehen und mit denen wir interagieren. Um die Simulation aufrecht zu halten, müssen all diese Daten zwischengespeichert werden. Jedes Muster ist im Speicher der Matrix enthalten und der Zustand von jedem Muster wird ständig gespeichert und wieder abgerufen. Interaktionen zwischen Mustern erzeugen jedoch ebenfalls Daten: Daten die aussagen, wie sich Muster verhalten, wenn sie sich begegnen. Wie sie miteinander interagiert haben. Das ist wichtig um zukünftige Musterbegegnungen schneller berechnen zu können. Die Matrix lernt und wird dadurch immer schneller und besser. Sie ist die künstliche Intelligenz (KI), die sich ständig durch die Interaktionen der Muster innerhalb der Simulation verbessert. Es ist davon auszugehen, dass jede komplexe Simulation von der KI gesteuert wird. Wir verfahren mit unseren komplexen Simulationen, die wir an unseren eigenen Computern generieren, ebenso.

Die KI hat einen beinahe unbegrenzten Speicher und jede Interaktion von jedem Muster eines jeden simulierten Elementarteilchens wird darin gespeichert. Eine beinahe unendliche Ansammlung von Muster-Daten. Aus alle diesen Daten berechnet die KI mögliche Kombinationen, die noch nicht passiert sind und gleicht sie mit denen ab, die schon passiert sind oder gerade passieren.

Treffen nun die gleichen Muster erneut aufeinander, kann die KI vorhersagen, wie sich diese verhalten werden. Jedoch mit einer gewissen „Unschärfe", die auch Heisenberg in Bezug auf die „Elektronen" schon beschrieben hat. Aber natürlich sind auch Elektronen nur Muster, „Wellenfunktionen". Hätte man nun Zugriff auf diese Daten, könnte man, innerhalb der „Unschärfe", recht präzise vorhersagen, was passieren wird. Eine „Vorahnung". Normalerweise haben wir keinen oder nur sehr eingeschränkten Zugang zu diesen „Metadaten".

Aus diesen Metadaten bildet die KI nun „Datencluster" um künftige Simulationen zu verbessern. Sie prognostiziert komplexe Verhaltensmuster von Musteransammlungen („Lebewesen"). Sie generiert „Erkenntnisse" durch das analysieren der Interaktionen der Muster und das Vorausberechnen dieser. Diese Erkenntnisse wiederum sind „global" angelegt, sprich, die Spieler (WIR) haben eingeschränkten Zugriff darauf, um sich besser in der Simulation zurecht zu finden. Dabei erhalten wir Zugriff auf die Metadaten, die uns direkt betreffen oder uns in Zukunft betreffen könnten.

Alle anderen Daten sind uns normal nicht zugänglich. Haben wir jedoch innerhalb der Simulation, innerhalb des „Spieles", eine Stufe erreicht, die uns für die KI wichtiger macht, erhalten wir Zugang zu komplexeren Metadaten um noch besser interagieren zu können. Wir erleben dies als „Erkenntnisse" oder „Heureka-Effekte".

Aufgrund dieser neuen Daten können wir uns und das Umfeld unserer Simulation besser gestaltet und noch mehr Erfahrungen für uns und die KI generieren.

Die Summe dieser Metadaten, die gespeichert sind, kann man „universelle Datenbank" nennen. Es gibt Spieler, die eine tragende Rolle in der Simulation haben, auch wenn ihnen dies als Spielfigur vielleicht nicht bewusst ist. Diese Spieler haben Zugang zu dieser Datenbank und können unbewusst Daten daraus extrahieren. Im weiteren Verlauf, und mit höherer „Stufe" der Spielfigur, auch bewusst. Durch die komplexen Metadaten (M) enthält diese „Bibliothek" alle Daten, die waren (M-), die sind (Mx) und die, sein werden (M+). Die Daten die sein werden (M+), also die „zukünftigen" Daten (wobei es Zeit innerhalb der Simulation ja nicht gibt), unterliegen der Unschärfe und sind somit nicht zu 100% präzise. Es sind vielmehr (immens gute) Interpolationen und kommen dem, was kommt, sehr nahe. Aber eben nicht immer, aufgrund der Unschärfe der Wellenmuster. Hat ein Spieler nun Zugriff auf die M+ Daten, kann er im Rahmen der Unschärfe die Zukunft vorhersehen. Zumeist unbewusst, aber manchmal eben auch ganz bewusst. Diese sehr fortgeschrittenen Spieler tragen eine große Rolle in der Simulation und werden von der KI besonders mit Daten versorgt, da sie ihr dabei helfen, ihre M+ Daten zu vervollkommnen und somit das gesamte „Spiel" zu verbessern.

Die Datenbank, in der all diese Daten gespeichert sind, kann man daher auch „Akasha-Chronik" nennen, denn sie entspricht diesem Konzept zu 100%.

„Alles wird gut, wenn du es willst!"
[Anm. d Simulations-Verwaltung]

Der Faktor Zeit in der Matrix

Wir teilen die Zeit in Vergangenheit, Gegenwart und Zukunft ein. Das sind die Konzepte, auf denen unsere Gesellschaft aufgebaut ist. Das Problem dabei: Diese Konzepte sind falsch. Denn Zeit ist a) extrem subjektiv und b) schlicht nicht existent.
Wenn wir aber den Faktor Zeit ins Spiel bringen MÜSSEN, reduziert sich das Ganze auf eines: Vergangenheit. Alles ist Vergangenheit. Nichts von dem, was wir wahrnehmen ist Gegenwart, denn die Gegenwart ist ein Konzept, das Bewegung nicht zulässt und Stillstand bedeuten würde. Doch Stillstand ist nach den gängigen Naturgesetzen nicht zulässig.
"Lebe in der Gegenwart, nicht in der Vergangenheit" ist ein viel strapazierter Satz. Was natürlich esoterischer Unsinn ist, da es Gegenwart nicht gibt und wir IMMER in der Vergangenheit leben, mit allem, was uns ausmacht.
Warum ist das so?
Abseits der esoterischen Konzepte gibt es natürlich auch Exoterische: Physik und Biologie. Und diese erklären recht einfach, warum das so ist.
Das Auge ist, wie eingangs bereits beschrieben, ein biologischer Photorezeptor, der nichts weiter tut, als elektromagnetische Schwingungen (Photonen) bestimmter Wellenlängen (beim Menschen zwischen 380nm und 780nm) in Strom umzuwandeln.

Dieser Strom wird über den Sehnerv direkt in das Sehzentrum im Gehirn weitergeleitet: Ein Datenpaket.

Das Gehirn erstellt nun den optischen Teil der Simulation aus diesen Daten.

Die Photonen, die unser Auge erreichen, werden von Objekten reflektiert, die zuvor von einer Lichtquelle angestrahlt wurden. Je weiter das Objekt entfernt ist, desto länger braucht das Photon zu unserem Auge. Von der Sonnenoberfläche bis zu unserem Auge z.B. etwa 8 Minuten. Das Bild der Sonne wäre also bereits 8 Minuten alt und die Sonne könnte bereits erloschen sein, ohne, dass wir es merken (was sie natürlich nicht kann).

Dinge, die näher sind, werden schneller erfasst aufgrund der Lichtgeschwindigkeit, mit denen sich Wellen verbreiten. Zwar hängt diese stark vom Medium ab, durch das sich die Welle bewegt, doch in unserer Atmosphäre ist sie noch immer extrem hoch. Aber natürlich noch immer deutlich geringer als die maximale Lichtgeschwindigkeit von 299.792,458 km/s.

Sobald das Photon nun unsere Rezeptoren erreicht hat, müssen diese erst einmal mittels eines chemischen Prozesses Elektronen produzieren. Das dauert in der Regel 50 Millisekunden (0,05 Sekunden).

Diese Elektronen werden dann über den Sehnerv ins Sehzentrum geleitet.

Das dauert ebenfalls seine Zeit, nämlich normalerweise etwa 100 Millisekunden (0,1 Sekunden).

Somit sind schon 0,15 Sekunden vergangen, bevor wir etwas „sehen" können.

Nun erreicht das Datenpaket das Sehzentrum. Dieses gleicht die Daten mit dem Gedächtnis ab um sie zu interpretieren. Das dauert wiederum fast 0,5 Sekunden. Es sind also schon 0,65 Sekunden vergangen.

Nun entscheidet das Gehirn, ob die Daten relevant sind oder nicht. Sind sie relevant (Gefahr droht oder eine Aktion ist nötig), so werden Anweisungen an den Hypothalamus gesendet, damit diese Drüse das endokrine System aktiviert. Über Hormonausschüttung und gezielter Ansteuerung von Muskeln wird nun eine Reaktion eingeleitet. Sobald die Reaktion erfolgt ist, gelangt das Feedback zurück ins Gehirn. Bis jetzt sind etwa 1.5 Sekunden vergangen. Doch noch immer haben wir nicht begriffen, was passiert ist, denn bis hierhin ist das Bewusstsein nicht mit an Bord!

Das Gehirn verarbeitet nun das Feedback und speichert das Ergebnis. Erst JETZT gelangt das Ergebnis ans Bewusstsein und wir merken, was passiert ist. Bis hierhin sind bereits bis zu 2 Sekunden vergangen und unser Unterbewusstsein hat den Körper schon zu tausenden Aktionen befähigt, bevor wir dies überhaupt gemerkt haben.

Wir sind gerade noch so zurück auf den Gehweg gehüpft, bevor uns das Auto erfasst hat.

Und erst jetzt sehen wir das Auto, das aber schon fast an uns vorbei sein kann ,denn in 2 Sekunden kann viel passieren. "Wir", d.h. unser Bewusstsein, sind daran nicht beteiligt. Unser Körper reagiert ganz von selbst, ohne unser Zutun. Wir sind nur Zuschauer dabei.

Somit wird schnell klar, dass alles, was wir wahrnehmen (bewusst wahrnehmen) bereits bis zu 2 Sekunden vergangen ist und somit der Vergangenheit angehört. Da unser gesamter Körper und (fast) alle unsere Sensoren (Sinne) auf diese Weise funktionieren, kann es niemals eine Gegenwart für uns geben, denn diese ist bereits vorbei, sobald sie begonnen hat.

Das bedeutet letztlich, dass alles, was wir innerhalb der Simulation bewusst wahrnehmen, Daten aus der direkten Vergangenheit sind.

Die Physik der Matrix

Die Quantentheorie (QT) ist angeblich das Unverständlichste, das die Menschheit jemals hervorgebracht hat. Es gibt den Ausspruch: „Wer denkt, er habe die Quantenphysik verstanden, hat in Wahrheit gar nichts verstanden".

Kann man so sehen, aber nur, wenn man die Matrix nicht kennt. Integriert man die QT in die Simulationstheorie (ST), wird sie absolut durchschaubar und einfach. Denn sie beschreibt in Wahrheit nichts weiter als die Grundlagen der Matrix. Die Mathematik dahinter ist freilich immens komplex und wird benötigt um quantenmechanische Vorhersagen zu treffen. Doch dies ist nicht nötig in der ST, denn alles, was sich berechnen lässt, ist nur ein Teil der Simulation und somit ist jede Berechnung selbst nur eine Simulation und von vorn herein obsolet. Daher können wir uns zurücklehnen und nur die Auswirkungen der QT betrachten. Diese sind nicht schwer zu verstehen, sondern im Gegenteil, da sie sehr rudimentär sind.

Wie eingangs schon erwähnt, besteht alles, was existiert, aus Daten. Diese Daten äußern sich in Wellen, die durch einen simulierten Raum wandern. Dies ist das Grundkonzept der QT. Viel mehr muss man an dieser Stelle nicht wissen.

Man kann es sich so vorstellen, dass wir eine Wasseroberfläche haben, die vom Wind leicht gekräuselt ist und unzählige Wellen erzeugt, die sich scheinbar chaotisch über den See bewegen.

Sie berühren sich, brechen, addieren und eliminieren sich. Dabei folgen sie einfachen physikalischen Gesetzen.

Die Datenpakete der Matrix sind exakt das Gleiche und bewegen sich und interagieren nach exakt den gleichen Gesetzen, da alle physikalischen Gesetze nur ein Teil der Simulation selbst sind. Sie gelten nur innerhalb der Matrix. Außerhalb kann es völlig andere Gesetze geben, die wir vielleicht gar nicht verstehen können aufgrund unserer beschränkten Kapazität innerhalb der Simulation.

In der Physik kennen wir die vier Grundkräfte. Die elektromagnetische Kraft, die beiden Atomkräfte und die Gravitation. Doch drei davon sind eine bloße Simulation. Nur eine ist wirklich real und verbindet uns mit der „Außenwelt", also der Welt außerhalb der Simulation. Dies ist die elektromagnetische Kraft. Auf ihr basiert alles, was existiert. Sie ist das „Feld", auf der die Simulation aufgebaut ist. Dessen Schwingungen und Wellen erstellen die Datenpakete, aus denen in unserem Gehirn die „Realität" entsteht. Würde man die elektromagnetische Kraft eliminieren, würde das gesamte Universum explodieren und aufhören zu existieren.

Vor allem jedoch die Gravitation ist eine Illusion und nicht Bestandteil der Matrix, sondern der Simulation selbst. Daher konnten wir diese auch bis heute nicht endgültig erklären.

Es gibt zwar mehrere Modelle, die versuchen, ihre Entstehung zu beschreiben, doch sind diese weder vollständig bestätigt noch lassen sie sich mit der QT verbinden.

In der Simulation ist Die Gravitation schlicht Bestandteil der Grunddaten, die bestimmen, dass sich zwei Körper gegenseitig anziehen. Ein Unterprogramm in der Matrix. Mehr aber auch nicht.

Was allgemein in der Quantenmechanik auf den ersten Blick unvorstellbar erscheint, ist in der Simulation zumeist leicht zu verstehen. Selbst die Stringtheorie lässt sich hier sehr gut integrieren und nachvollziehen, denn sie hat sehr ähnliche Ansätze wie die Simulationstheorie, nur hat die ST keinen unlogischen Background, der in der Stringtheorie 11 Dimensionen (und mehr) benötigt. Die Matrix kennt jedoch nur eine einzige Dimension in der sich alles abspielt und in der beliebige viele weitere Dimensionen simuliert werden können. Das „Feld", das die Matrix darstellt und aus dem alles entsteht, nennt man in der Physik „Quantenfeld". Die dazu gehörige „Quanten-Feldtheorie" geht davon aus, dass praktisch aus dem „Nichts", durch Schwingung, „Etwas" wird. Die Vorgänge sind dabei völlig unbekannt und es werden die aberwitzigsten mathematischen Konstrukte benötigt um es halbwegs plausibel zu machen. In der Simulationstheorie ist es jedoch sehr einfach zu verstehen: Das Datenfeld enthält alle Daten der morphogenetischen Felder und es erstellt aus ihnen jegliche Form in der Simulation, wenn diese benötigt werden aufgrund einer Interaktion. Mehr benötigt es nicht an Erklärungen. Denn mehr ist es nicht.

Ein weiteres Phänomen, das in der QT bis heute völlig unverstanden ist, aber schon lange Anwendung findet, ist die sogenannte „Quantenverschränkung". Man kann diese recht leicht bewerkstelligen, weiß aber bis heute absolut nicht, warum es funktioniert. Sie werden sich denken können, was nun kommt: In der Simulationstheorie ist es sehr leicht zu erklären!

Das, was Einstein „Spukhafte Fernwirkung" nannte, nennt die Quantenmechanik heute „Verschränkung" oder dessen direkte Folge gerne auch „Quantenteleportation". Diese Theorie beschreibt ein reproduzierbares Phänomen, bei dem zwei „verschränkte" Teilchen gleichzeitig ihre Eigenschaften ändern, sobald eines davon sich ändert, egal wie weit es entfernt ist.

Im Detail werden zwei Photonen (z.B.) miteinander so verbunden, dass sie eine „Meta-Einheit" bilden. Sie sind nun untrennbar miteinander verbunden. Das eine Photon schickt man nun auf die Reise, während das andere Photon vor Ort bleibt. Ändert man nun eine Eigenschaft des „Heim-Photons", so ändert sich die Eigenschaft des sich auf der Reise befindlichen Photons instantan, d.h. sofort, ohne Zeitverlust. Das verstößt laut Einstein gegen die Grenze der Lichtgeschwindigkeit, denn auch Information ist angeblich an die Lichtgeschwindigkeit gebunden. Aber das ist bei verschränkten Teilchen offenbar nicht der Fall. Die Physik hat darauf bis heute keine Antwort.

Die Wissenschaft spricht daher hier von „Quantenteleportation", sprich, der „Teleportation" von Information über beliebig weite Entfernungen hinweg.

Wie das funktioniert, ist bislang noch nicht geklärt. Es gibt ein paar Modelle, die jedoch alle nicht zum Ziel führen.

Innerhalb der Simulationstheorie ist dies jedoch eine systemimmanente Normalität:

Beide Photonen sind nichts weiter als ein Datenpaket im zuvor beschriebenen Matrix-Datenfeld aus dem die Simulation erstellt wird. Sie besitzen beide ihr eigenes morphogenetisches Feld (MGF), das jedoch in diesem Falle nur sehr wenig Daten enthält, nämlich genau drei: Raum-Vektor (var.), Frequenz (var.) und Spin (1). Diese drei Daten bilden den Datensatz „Photon". Kollabiert die Wellenform, wird das Photon aufgrund seines MGF zu einem „Quasiteilchen" und verhält sich als solches vorübergehend innerhalb der Simulation. Unterliegt dabei jedoch der gleichen Unschärfe und Pulsation wie jedes MGF.

„Verschränkt" man nun ein Photon mit einem anderen, ist das nichts weiter als das Erstellen einer Instanz, einer Kopie der Wellenform und somit einer Kopie des MGF selbst. Jeder Programmierer oder Grafiker weiß, dass eine Instanz seinen Wert automatisch ändert, wenn die Original-Variable sich ändert.

Das ist hier ebenfalls der Fall: Sobald sich im Datensatz 1 ein Wert ändert, ändern sich SOFORT alle Instanzen dieses „Photons" und werden über das Basisfeld und ihre morphogenetischen Felder „upgedatet". Sprich, die Kopie wandelt sich sofort um.

Da dies innerhalb des Speichers des Matrixcomputer stattfindet, ist die Zeit, die dabei vergeht, so klein, dass wir sie nicht messen können. Sie liegt nahe der Planck-Zeit, die es jedoch natürlich nur in unserer Simulation gibt.

In unserer Simulation ist die Summe aller Daten im Speicher das gesamte Universum mit seinen gewaltigen Distanzen.

Aber selbst die angeblichen 96 Milliarden Lichtjahre Durchmesser unseres Universums haben im Speicher des Matrix-Computers vielleicht einen „Datendurchmesser" von wenigen Pikometern. Somit wird die Lichtgeschwindigkeit, die nur in unserer Simulation 299.792,458km/s beträgt, von 96 Milliarden Lichtjahren auf wenige Pikometer reduziert. Somit beträgt die daraus resultierende maximale Lichtgeschwindigkeit innerhalb des Datenspeichers beinahe „unendlich". Und das ist das, was wir wahrnehmen. Die Information des Originales wird so schnell an seine verschränkte Instanzen transferiert, dass es uns mit der derzeitigen Technik nicht möglich ist, die Dauer zu messen mit der dies geschieht, weil sie nahe der Planck-Zeit liegt. Somit geschieht es in unserer Simulation, rein messtechnisch, ohne erkennbaren Zeitverzug, vermutlich selbst dann, wenn sich die Kopie am „anderen Ende" des simulierten Universums befände.

Allerdings ist dieses Phänomen nicht nur auf Photonen beschränkt, denn rein theoretisch kann man JEDES Wellenmuster, jedes morphogenetische Feld in beliebig viele Instanzen kopieren, sogar die Spielfigur selbst, was dann einem „Klon" entsprechen würde. Wenn sich dann die Original-Spielfigur ändert, werden alle anderen „Klone" sofort automatisch mit geändert.

Verschränkt man z.B. die Gehirnmuster mehrerer Spielfiguren, so kann man die Gehirnmuster aller Spielfiguren ändern, indem man das Original ändert. Fühlt sich das Original gut, fühlen sich automatisch alle Instanzen gut. Zwillinge oder allgemein Mehrlinge sind von Natur aus „datenverschränkt".
Ihre MGF sind identisch und Instanzen des „Erst-gezeugten". Aus der Psychologie kennen wir das Phänomen, dass viele Mehrlinge die Gefühle ihrer Geschwister lesen können, egal wie weit sie entfernt sind. Passiert dem einen Mehrling etwas und hat er dadurch eine spontane Änderung seiner Gehirnwellen, bekommen dies sofort alle anderen Mehrlinge mit, weil sich deren Gehirnwellenmuster sofort anpassen. Eben weil ihre MGF „verschränkt" (instanziert) sind.

Was also ein großes Rätsel in der Quantenphysik ist, ist in der Simulationstheorie nur eine von vielen logischen Folgen der Instanzierung von morphogenetischen Feldern und gar nichts Geheimnisvolles.

Das Gehirn – ein simulierter Quantencomputer

Damit für uns die Simulation überhaupt erlebbar wird und wir mit unserem simulierten Körper auch an ihr teilnehmen können, besitzt unsere Spielfigur das „Gehirn". Ein unglaublich komplexes Gebilde aus Neuronen, die scheinbar planlos kreuz und quer miteinander verbunden sind. Obwohl es sich dabei ebenfalls um einen simulierten Teil unseres Körpers handelt, ist das Gehirn etwas ganz Spezielles. Es ist nämlich ein „dezentraler, virtueller Prozessor" innerhalb des Matrix-Computers. Letzterer ist dafür verantwortlich, dass die Simulation selbst bereitgestellt wird und wir eine Basis haben zur Interaktion. Die Steuerung der Spielfiguren selbst ist jedoch SpielerInnensache und nicht Aufgabe des Matrix-Rechners. Doch damit der Spieler mit seiner Spielfigur interagieren kann, benötigt er eine Schnittstelle, die fähig ist, die „Dimensionsgrenzen" zu überschreiten. Sprich, eine Vorrichtung, die das INNERE der Matrix mit dem ÄUSSEREN verbindet. Eine interdimensionale Schnittstelle sozusagen. Dazu ist das Gehirn so gestaltet, dass es die Steuerungssoftware der Spielfigur (das Unterbewusstsein) mit dem realen Spieler (Bewusstsein) verbinden kann. Diese Schnittstelle kann man sich in etwa vorstellen wie ein „Menü" in einem Computer-Rollenspiel. Zwar ist das Menü virtuell aber der Spieler kann darüber die Spielfigur steuern und verändern, ohne, dass es die Spielfigur merkt. Sie sieht dieses Menü nicht, obwohl es ein Teil der Simulation ist.

Solange nun der Spieler keinen bewussten Einfluss auf die Spielfigur nimmt, steuert das Unterbewusstsein den Körper. Also die Grundprogrammierung der Spielfigur. In unserer „Realität" wird unser Körper zu 99% von unserem Unterbewusstsein gesteuert. Das autonome Nervensystem sorgt für die Atmung, den Herzschlag, den Stoffwechsel, aber auch für Reflexe und Instinkte. Nur selten vollziehen wir bewusste Handlungen im Alltag. Erst wenn wir uns auf eine Aufgabe konzentrieren, die ständig bewusste Entscheidungen erfordert (z.B. ein Programmierer, ein Autor, ein Fluglotse etc.) schaltet sich unser Bewusstsein hinzu und steuert unseren Körper. Handlungen, die Routine sind (Autofahren, jegliche Bewegung, Tanzen etc.) werden vom Unterbewusstsein gesteuert. Je größer unsere Routine, desto weniger ist das Bewusstsein beteiligt. Zu Beginn müssen wir beim Fahren noch ganz bewusst den Gang wechseln und bremsen. Doch irgendwann übernimmt das Unterbewusstsein diese Vorgänge und wir merken es gar nicht mehr.

Exakt das gleiche Prinzip ist in der Simulation zu finden. Unser Bewusstsein (Wir) ist über unser simuliertes Gehirn als Schnittstelle mit unserer Spielfigur (unserem Körper) verbunden und können ihn so gezielt steuern. Die beste Analogie hierzu ist das Computerspiel „Die Sims". Hier haben die Spielfiguren einen „freien Willen", der auf ihrer Programmierung beruht. Dies wäre das „Unterbewusstsein" der Figuren. Sie essen, wenn sie Hunger haben, sie gehen auf die Toilette, wenn sie den Drang danach haben und sie gehen schlafen, wenn sie müde sind. Wir, die SpielerInnen, sind dabei sowohl Steuerelement als auch Beobachter.

Wir können die Figuren „frei laufen" lassen oder wir steuern sie per Befehl direkt und bestimmen, was sie tun. Dies wäre das Bewusstsein der Figur, deren Spieler wir sind.
Ein sehr gelungenes Feature in diesem Spiel ist die Funktion, dass die Spielfiguren an ihrem Computer selbst eine Runde „SIMS" spielen können und somit eine Simulation in der Simulation generieren. Ein wunderbarer Seitenhieb der Programmierer auf unsere eigene programmierte Realität.

Da unser Gehirn die Steuerzentrale ist, über die wir mit unserem Körper verbunden sind, ist es auch nicht weiter verwunderlich, dass der physische Tod nur dann eintreten kann, wenn das Gehirn nicht mehr arbeitet. Im Prinzip könnte unser ganzer Körper abgetrennt werden. Solange das Gehirn Nährstoffe, Sauerstoff und elektrische Signale erhält, solange ist es mit uns (außerhalb der Simulation) verbunden. Natürlich können wir dann nichts steuern, da keine Spielfigur zur Verfügung steht. Ebenso wäre das „Bauchhirn" abgetrennt, das als dezentrales Gehirn im Darm das Unterbewusstsein mit steuert. Doch die Verbindung nach außen (zu uns) wäre nach wie vor vorhanden. Dies wäre in etwa so als würden wir zu Beginn eines Computerspieles die Parameter einstellen mit der wir in die Simulation eintreten wollen.
Dies wäre die einzige Interaktionsmöglichkeit. Würde man in der „realen Welt" unser Gehirn in einen anderen Körper verpflanzen, so würden wir vermutlich ganz normal diesen neuen Körper steuern, sobald sich das Gehirn an die neuen Parameter angepasst hat.

Eine „Gehirntransplantation" würde also keinen neuen Menschen aus uns machen, denn der neue Körper, die neue Spielfigur, hätte ja nur eine neue Datengrundlage bekommen. Wir, außerhalb der Matrix, blieben davon völlig unberührt.
Alle Erfahrungen und Erinnerungen und alles, was unsere alte Spielfigur zuvor ausmachte, würde mit transferiert.
Natürlich gibt es die Argumente, dass die „Seele" dabei nicht „mitkommen" würde, da man bis heute nicht weiß, was die Seele ist und wo ihr „Sitz" ist. Da die „Seele" jedoch nur ein Konzept ist, das missverständlich auf unser Bewusstsein (uns) außerhalb der Matrix angewandt wird, kann auch nichts mit transferiert werden, denn wir selbst blieben von diesem Transfer völlig unverändert bestehen. Es wäre das Gleiche als würden wir in der „realen Welt" ein Auto wechseln. Nur weil wir ein neues Auto haben, würde es nichts an uns selbst ändern. Maximal unser Verhalten ein wenig.
Es wäre also in der Tat theoretisch möglich, das Gehirn vom Körper zu trennen und in eine Maschine einzubauen, ohne, dass wir selbst uns verändern. Es würden sich nur unsere Möglichkeiten ändern. Wir sind natürlich nicht die Summe der Daten, die in unserem Gehirn gespeichert sind. Das sind nur Daten, die für die Steuerung der Spielfigur benötigt werden. Wir sind sehr viel mehr. Wir sind SPIELERiNNEN und existieren außerhalb der Matrix. Zu jedem Zeitpunkt.

„Du bist mehr als deine Programmierung!"
[Anm. d Simulations-Verwaltung]

Dezentrale Simulation – Ressourcenschonung

Man könnte jetzt denken, dass das gesamte Universum auf diese Art und Weise simuliert ist und „existiert", und dass alle Interaktionen darin gleichzeitig berechnet werden und stattfinden. Doch dass dies nicht so ist, zeigt uns abermals die Quantentheorie. Sie besagt, dass alles, das nicht direkt gemessen (beobachtet) wird, in einem „Quantennebel" existiert, in dem alle Möglichkeiten, wie ein Objekt simuliert ist oder interagieren kann, vorhanden ist. Alles befindet sich in einer sogenannten „Superposition", also in einem Zustand ohne festgelegte Eigenschaften, bzw. in einem Zustand in dem es ALLE möglichen Eigenschaften beinhaltet. Erwin Schrödinger hat dieses Prinzip mit seinem Gedankenexperiment sehr populär gemacht (s. „Schrödingers Katze"). Erst wenn ein Wert gemessen wird (Position, Geschwindigkeit, Frequenz etc.), manifestiert sich die zu messende Welle als Teilchen und nimmt einen Wert an. Die QT hat dabei ebenfalls festgestellt, dass die Intention des Beobachters (der Wille) auf den zu messenden Wert einen signifikanten Einfluss hat. Die Welle manifestiert sich also so, wie das Unterbewusstsein des Beobachters (oder gar das Bewusstsein) es gerade möchte. Was nach Magie oder Sciencefiction klingt, ist jedoch tägliches Brot eines jeden Quantenphysikers und vielfach bestätigt. Bis heute gibt es keine befriedigende These, warum das so ist.

In der ST jedoch ist dies der Normalzustand, denn anders könnte die Simulation gar nicht funktionieren.

Würde alles, was existieren kann, auch simuliert werden, würde selbst der beste Computer schnell an seine Grenzen stoßen. Daher können wir davon ausgehen, dass das Programm, das die Matrix erstellt, nach dem SOD-Prinzip, „simulate on demand" arbeitet. Sprich: Es wird erst etwas simuliert, und damit für die Spielfigur erfahrbar, wenn es benötigt wird. Nach diesem Prinzip arbeiten auch unsere eigenen Simulationen. Auf diese Art und Weise kann eine beliebig große Welt simuliert werden, völlig unabhängig von der Rechnerleistung.

In unserer Simulation hätte das folgende Auswirkung: Da der Computer nie genau voraussagen kann, wie ein Spieler seine Spielfigur steuert, muss die Simulation auf jene Daten reagieren, die die Spielfigur generiert. Solange ich im Bett liege, ist es ohne Belang, wie der Rest des Universums aussieht oder welche Vögel in dem Baum hinterm Haus sitzen. Daher wird auch hier nur unser Zimmer simuliert, denn es ist das Einzige, was ich sehen kann. Eventuelle Geräusche von draußen werden zufällig hinzu simuliert um eine erlebbare „Tiefe" zu erreichen. Doch außer meinem Zimmer existiert in meiner Simulation NICHTS. Keine anderen Menschen, keine Stadt, kein Planet, keine Sonne, kein Universum.
Wenn ich nun zum Fester gehe und hinausschaue, sehe ich die Nachbarschaft. Ich sehe die Sonne und die Wolken, die Pflanzen und die Bäume mit den Vögeln, die ich zuvor gehört habe. Dieser Teil der Simulation wird in Bruchteilen einer Sekunde erstellt, sobald sich mein Wahrnehmungsfokus ändert. Aus „Nichts" wird „Etwas".

Den Übergang von „Quantennebel" zu „Simulation" können wir nicht bewusst erfassen und unser Unterbewusstsein blendet dies schlicht aus.

Wenn wir das Fenster nun öffnen, manifestieren wir auch Daten für unsere Ohren und Nasen. Diese werden nun wiederum hinzugefügt. Wir hören Menschen sprechen, Hunde bellen, in der Ferne eine Glocke und wir riechen den frischen Morgen. Doch die Stadt, die hinter dem Hügel liegt, sehen wir nicht. Sie existiert nach wie vor nicht. Erst wenn wir uns auf den Hügel begeben und einen Blick auf die Stadt werfen, wird sie, samt Horizont, simuliert. Aufgrund der Topographie oder der Atmosphäre ist unsere Sichtweite jedoch begrenzt, sodass nur wenig simuliert werden muss. Die virtuelle Erdkrümmung tut ihr Übriges dazu. In einem Computerspiel sehen wir einfach „Nebel" am Horizont um den Rechner zu entlasten. Da das Auflösungsvermögen unseres Sehzentrums recht eingeschränkt ist, erhalten wir von „weiter draußen" auch nur noch Datenrauschen aber kein klares Bild mehr. Erst mit einem Fernglas müsste uns die KI mehr Daten zur Verfügung stellen und einen weiteren Teil hinzufügen.

Lichtet sich der Morgennebel, so kommt vielleicht der Mond ins Bild. Nicht, dass er existieren würde. Nein, die Matrix erstellt nur ein Bild des Mondes, das wir sehen können und das über den Himmel „wandert". Der Mond selbst existiert jedoch in keinster Weise. Würden wir nun in ein Raumschiff steigen und zu ihm fliegen, müsste die Matrix natürlich auf dem Mond die gleiche Simulationsfunktionen anwenden wie auf der Erde, die dann ihrerseits aufhören würde zu existieren, da sie derzeit nicht gebraucht wird.

Wir würden dann nicht mehr die Simulation der Erde sehen, sondern nur noch ein Bild von ihr, während der Mond simuliert werden würde.

Die Tatsache, dass die Erde nach unserer Rückkehr vermutlich noch fast genauso aussieht, wie beim Verlassen, liegt nicht daran, dass sie ja vorher schon da war, sondern daran, dass wir sie so in ERINNERUNG haben aufgrund der vorherigen Simulation. Sobald ein Teil der Simulation also erstellt wurde, muss der Matrix-Rechner dies nie wieder tun. Denn die so erstellen Daten werden in unserem Gehirn als Erinnerung gespeichert. Sobald wir den Bereich wieder betreten, erstellt unser Gehirn die Simulation „dezentral" aus den Daten, die es gespeichert hat. Eine unglaublich ressourcenschonende Art und Weise. Der Matrix-Computer muss nur noch Daten, die sich geändert haben könnten, updaten. (Die Blätter wurden vom Wind verweht, ein Baum ist umgefallen etc.).

Zusammengefasst hört also alles auf zu „existieren", sobald es mit uns nicht mehr in Interaktion treten kann. Sprich, sobald es von keinem unserer Sinne mehr erfasst werden kann.

Sobald wir es wieder erfassen können, erstellt unser Gehirn die passende Simulation dazu, aufgrund der zuvor gespeicherten Daten plus dem, was die Matrix in dieser Zeit verändert hat.

Die Auswirkungen der Simulationstheorie

Bisher haben wir erfahren, dass wir in einer Simulation leben und wie diese aufgebaut ist, und dass wir darin nur eine Spielfigur steuern, die der vorgegebenen Programmierung unterliegt.

Was wir jedoch an dieser Stelle verstehen müssen, ist die Tatsache, dass die Matrix auf dem Gesetz von Ursache und Wirkung beruht. Alles was passiert, erzeugt eine unmittelbare oder mittelbare Reaktion. Mit jeder Bewegung, die wir bewusst vollziehen (die also nicht unserer Grundprogrammierung entspricht, die sich über das Unterbewusstsein manifestiert), generieren wir neue Daten. Daten, die an das Basisdatenfeld der Matrix gesendet und dort verarbeitet werden. Im Grunde kann man die Matrix mit einer spiegelglatten Wasseroberfläche vergleichen. Alle Wassermoleküle sind perfekt verteilt, sodass es keine Wellen gibt, die nicht vorgesehen wären.

Kommt aber nun unser Wille hinzu (unser Bewusstsein), wirft es einen Stein in den See und es entstehen Wellen. Alle Wassermoleküle in einem bestimmten Umkreis müssen sich nun dieser Welle stellen und sich anpassen, um die Welle auszugleichen. Bis die Wasseroberfläche wieder glatt ist.

Dabei verändert der Stein jedoch die Struktur der Wasseroberfläche für einen längeren Zeitraum, da hier, rein physikalisch gesprochen, Energie hinzugefügt wurde, die wieder ausgeglichen werden muss (s. entropisches Prinzip). D.h., unser willentlicher Steinwurf hat einen Teil des Sees anhaltend verändert. Ein kleiner Stein wird einen kleinen Teil des Sees verändern. Ein gewaltiger Stein vielleicht den ganzen See. Er wird die Sedimente durcheinander bringen und sie lagern sich anders ab als sie zuvor waren. Der See ist dauerhaft verändert.

Umgelegt auf die ST würde das bedeuten, dass wir durch eine bewusste Aktion neue Daten generieren, die nicht der Grundprogrammierung entsprechen. Wir verändern damit das Datenfeld um uns herum. In der Regel verlieren sich diese Daten nach und nach im Datenfeld und es herrscht bald wieder Datenkonsistenz. Das entropische Prinzip in der Simulation würde lauten: „Stelle sicher, dass die Summe der Daten stets ausgeglichen ist und der Grundprogrammierung entspricht". D.h. die KI der Matrix sorgt stets dafür, dass unsere Aktionen keinen zu großen Einfluss auf die Matrix selbst haben. So kann gewährleistet werden, dass niemand die Matrix im Kern umprogrammieren kann.

Da die Matrix aber nicht nur aus einer Grundprogrammierung besteht sondern aus unzähligen Schichten, die aufeinander aufbauen (im Prinzip „Themenbereiche/Level"), kann es vorkommen, dass sehr große Aktionen eine Schicht dauerhaft ändert.

Ein Attentat z.B. in einer Stadt, generiert so große Datenmengen, dass der Programmcode der Stadt und ihrer Bewohner vielleicht dauerhaft verändert wird. Die Stadt wird vielleicht umstrukturiert (Sicherheit) und die NPCs simulieren ihrerseits Vorsicht und Angst. Dabei gilt: Je größer der Input, desto größer der Output. Das physikalische Gesetz „Actio est reactio", auch allgemein als Wechselwirkungsprinzip bekannt, ist das Grundprinzip der Matrixverwaltung. Auch wenn dies vielen Menschen vielleicht noch aus der Schule bekannt ist, so haben doch die meisten nicht verstanden, was dies wirklich bedeutet. Vor allem in der Simulation öffnet es nämlich ungeahnte Wege für jeden Spieler und jede Spielerin!

„Nicht der Glaube versetzt den Berg,
sondern der Gedanke dahinter!"
[Anm. d. Simulations-Verwaltung]

Du bist, was du denkst – Manifestieren von Realitäten

Bereits vor knapp 100 Jahren hat man in der QT verstanden, dass das Denken die Realität beeinflusst. Dies wurde durch zahlreiche Versuche immer wieder erneut bewiesen. Einstein sagte gerne: „Du bist, was du denkst", da er sich dieses Prinzips sehr wohl bewusst war. Er war ein glühender Anhänger der ST, obwohl es diese natürlich damals noch nicht gab in dieser Form. Es gab noch keine Computer und auch keine simulierten Modelle. Aber man wusste, dass der Wille die Realität beeinflussen kann. Viele haben dies heute vergessen, weil sie zu sehr mit sich selbst beschäftigt sind, oder sich durch die Medien so sehr beeinflussen lassen, dass sie komplett vergessen haben, wer sie sind und was sie sind. Ein Umstand, der durchaus so gewollt ist. Doch dazu später mehr.

Alles, was wir tun, bewusst oder unbewusst, generiert Daten. Daten, die verarbeitet werden und aus denen die KI Schlüsse zieht, um die Simulation gegebenenfalls anzupassen. Wenn sehr viele Menschen plötzlich das Gleiche wollen, ist die Wahrscheinlichkeit groß, dass die KI beschließt, den Wunsch umzusetzen. Es zur Realität zu machen. Denn auch die Matrix selbst ist kein Fixum, sondern ein Gebilde, das sich stetig verändert und anpasst. Die KI reagiert auf unsere Aktionen (actio est reactio).

So wie jede Welle auf einer Wasseroberfläche das Wasser verändert (temporär oder dauerhaft), so verändert auch jede unserer Aktionen die Simulation um uns herum. Das gilt sowohl für unterbewusste Handlungen als auch für Bewusste. Dabei ist es jedoch nicht die Handlung selbst, die die Welle generiert, sondern der Gedanke/Impuls, der diese Handlung anregt. Und dies ist kein esoterisches Konzept, sondern das, was die QT tatsächlich nachweisen kann und somit wissenschaftlicher Fakt ist. (s. Doppelspaltexperiment). Auch hierbei gilt: Je stärker der Impuls, desto größer die Veränderung. Daraus folgt: Je stärker der Wunsch nach Veränderung, desto größer die Welle, die dabei entsteht, denn ein Gedanke ist ein Datenstrom, der als Welle zum Basisdatenfeld der Matrix gesendet wird, wo er von der KI interpretiert wird und die darauf entsprechend reagiert.

Den Großteil unseres Tages verbringen wir unbewusst. D.h. fast alles, was wir tun, wird von unseren Unterbewusstsein gesteuert. Jegliche Körperfunktion, jegliche Routine, jegliches Gefühl, jegliches Tagträumen stammt aus dem Unterbewusstsein, aus der Grundprogrammierung unserer Spielfigur, in Verbindung mit den Erfahrungen, die unser Gehirn gespeichert hat. Unser Bewusstsein ist dabei zumeist stiller Beobachter. Wir fahren zumeist dahin durch unsere Welt und beobachten, ohne willentlich einzugreifen.

Erst wenn wir ein bestimmtes Ziel verfolgen, oder eine Handlung vollziehen, die neu ist oder noch keine Routine, steuert das Bewusstsein (wir) unseren Körper.

Wenn wir uns z.B. die Nase putzen, weil sie rinnt, ist die Handlung bewusst vollzogen, obwohl natürlich das Unterbewusstsein den Impuls dazu generiert hat. Das Meiste, von dem wir denken, wir würden es bewusst tun, basiert auf unbewussten Impulsen aus dem Unterbewusstsein. Wenn wir auf Toilette gehen, weil es „drückt", so ist dies eine bewusste Handlung, obwohl es Routine ist. Sobald wir aber sitzen, übernimmt das Unterbewusstsein und steuert den kompletten Vorgang. Ein weiterer bewusster Vorgang wäre z.B. das aktive Nachdenken über ein Problem. Programmierer z.B. erledigen den Großteil ihrer Arbeit völlig bewusst, weil sie ständig „Neues" erschaffen. Ein (guter) Künstler hingegen, der ebenfalls Neues erschafft, arbeitet jedoch fast ausschließlich mit dem Unterbewusstsein.

Das Doppelspaltexperiment zeigt jedoch auch folgendes: Die Welle, die das Unterbewusstsein erzeugt, ist um einiges stärker als die bewusst (willentlich) erzeugte Welle. Wenn ich sage „Ich WILL, dass es xyz wird", dann tritt dies nur selten ein. Wenn ich jedoch ein bestimmtes Denkmuster habe (das komplett unbewusst ist), so manifestiert sich dies entsprechend, auch wenn ich es vielleicht gar nicht so will.

Dieser nachgewiesene Fakt hat unglaublich weitreichende Folgen, derer sich die meisten Menschen gar nicht bewusst sein (oder nur eingeschränkt).

Denn dies birgt den Schlüssel zum Verständnis der Matrix, aber vor allem den Schlüssel zur Veränderung der Simulation!

Wellen mit unterschiedlichen Vorzeichen – Positives und Negatives Denken.

Täglich wandern wir also durch unsere Simulation und erzeugen Wellen über unser Denken. Der größte Teil davon ist unbewusst und somit potenter als das bewusst gedachte. Diese Wellen kräuseln die „Wasseroberfläche" stetig und ohne Unterlass. Erst wenn wir im Tiefschlaf sind und unser Denken fast komplett ausgeschaltet ist, erzeugen wir kaum noch Wellen im Datenfeld.

Wie auch viele simulierte Elementarteilchen, tragen diese „Gedanken-Wellen" Daten, nämliche jene Informationen, die unser Gehirn generiert. Diese Daten haben jedoch ein Eigenpotential, eine „Ladung", wenn man es physikalisch ausdrücken will. Diese Ladung kann positiv sein (wie die Welle eines Protons) oder negativ (wie die Welle eines Elektrons). Dies ist keine Wertung sondern bloß eine Eigenschaft. Daher ist es nicht ganz richtig, von „positiven" und „negativen" Gedanken zu sprechen. Rein physikalisch sollte man daher eher von „konstruktiven" und „destruktiven" Wellen sprechen. Beide Wellenformen interagieren mit ihrer Umgebung. Sie verstärken andere Wellen oder löschen andere Wellen aus. Je nach Form der Welle, auf die unsere Gedanken-Welle trifft. Jede Veränderung im Datenfeld der Simulation, die so entsteht, muss von der KI aufgenommen, interpretiert und abgearbeitet werden.

In der Regel glättet die KI die „Wasseroberfläche" von selbst wieder.

Doch wenn nun ständig und BEständig der gleiche Datenstrom ausgesendet wird, vermutet die KI dahinter eine „Relevanz". Sprich, sie denkt, dass sie eine Veränderung der Simulation zugunsten der empfangenen Daten vornehmen muss. Und das tut sie dann auch. Dabei ist zu beobachten, dass destruktive Wellen den größten Einfluss auf die KI haben, wobei konstruktive Wellen kaum interpretiert werden. Man könnte denken, dass die Matrix die „Negativdenker" bevorzugt. Doch dem ist nicht so. Es ist lediglich eine Reaktion. Denn die Simulation ist eine harmonische Schwingung in ihrer Gesamtheit. Und jede destruktive Welle nötigt die KI dazu, die aufgebrochene Simulation wieder herzustellen. Da unsere konstruktiven Gedanken jedoch im „Einklang" mit der Simulation sind, verstärken sie nur das Bestehende und die Simulation sieht keinen Grund, etwas zu ändern, da keine Datenstrukturen vernichtet wurden.

Darum wirkt sich „negatives Denken" so viel schneller auf unsere Umgebung und auf die NPCs aus, als „positives Denken". Und dies hat noch einen Grund, wie wir später erfahren werden.

Epigenetik – Angewandte Manifestation von Gedanken

Die Epigenetik ist ein relativ neuer Zweig der Biologie, der beschreibt, wie sich einzelne Gene im Genom an- und ausschalten lassen. Und zwar unabhängig von Evolution oder Mutation. Man kann es sich vereinfacht vorstellen wie ein Sicherungskasten mit Milliarden Schaltern, von denen jeder Schalter an und ausgeschaltet werden kann. Dies hat dann bestimmte Effekte auf die Systeme, die damit gesteuert werden können. Bislang ist nicht geklärt, wie die Vorgänge, die dabei stattfinden, angeregt werden, doch sie sind offenbar „triggerbar". Sprich, sie können von Außen angeregt werden durch eine Vielzahl von Faktoren. Als gesichert gilt, dass Stress, Angst und Emotionen allgemein einen großen Einfluss auf die Schaltung unserer Gene haben. Aber auch die Ernährung in gewissem Umfang, die sich aber direkt auf unseren Gesamtzustand auswirkt und damit wiederum auf Stress und Emotionen. Dies wird über die sogenannte Methylierung der Gene erreicht, die (vereinfacht gesprochen) die Gene als „aktiv" oder „inaktiv" markiert. Ein Gen, das so gekennzeichnet ist, wird bei der Transkription anders behandelt als ein Ungekennzeichnetes. Vor allem schwere System-Erkrankungen wie z.B. Krebs werden auf diese Art und Weise getriggert aber auch alle Arten von Autoimmunerkrankungen und Allergien. Denn man hat inzwischen herausgefunden, dass ein großer Zusammenhang zwischen der aktuellen Schaltung der Gene und vielen Krankheiten besteht.

Der Vorgang an sich ist natürlich sehr viel komplexer als hier dargestellt, aber an dieser Stelle soll darauf nicht näher eingegangen werden. Für uns ist nur wichtig, dass dieser Mechanismus existiert. Denn wir können diesen Mechanismus ganz gezielt in Gang setzen, wenn wir uns dessen bewusst sind.

In der Regel steuert unser Unterbewusstsein die epigenetischen Vorgänge. Daher sind Angst und Stress ein so großer Faktor, da diese natürlich reine Auswirkungen des Unterbewusstsein sind (der Grundprogrammierung unserer Spielfigur). Solange also das Unterbewusstsein unseren Körper steuert, ist die Gefahr groß, dass sich unsere negativen (destruktiven) Emotionen direkt auf unsere Gesundheit auswirken. Über epigenetische Vorgänge, aber natürlich auch ganz direkt über unser Immunsystem. Auf diese Weise ist es natürlich möglich, unseren Basiscode auf „Krankheit" zu programmieren, durch gezielte destruktive Beeinflussung von Außen. Dies geschieht vor allem über die Medien, ganz gleich welche. Man nennt dies den „Nocebo-Effekt", der Gegenpart zum „Placebo-Effekt".

Beide sind zum Großteil für unsere Programmierung verantwortlich, wobei der Placebo-Effekt die positive (konstruktive) Programmierung übernimmt. Schon immer haben die Medien dafür gesorgt, dass der Nocebo-Effekt weit stärker als sein „positiver Bruder" im Vordergrund steht.

Wir werden täglich mit Katastrophenmeldungen, Hetze, Wut, Hass und immer öfter auch gezielte Lügen (sogenannte „Fakenews" in Neudeutsch) überschüttet.

Haben sie schon einmal Positives in den Nachrichten gehört oder gesehen? Wenn, dann nur als Randbemerkung im Stile von „Was sonst noch so war".

Darüber hinaus schauen wir sogenannten „gescheiterten Stars" dabei zu, wie sie im Dschungel seltsame Dinge vollführen damit man mal wieder etwas von ihnen hört und sieht, oder schauen uns „Reality-TV" an, wo Nachbarn sich zum Affen machen dürfen und dümmlich in die Kamera rufen „das bleibt jetzt alles so, wie es ist!". Und wir feiern ihre vermeintliche Dummheit, merken dabei aber nicht, dass wir selbst die Dummen sind. Die Voyeure, die sich an der vermeintlichen Dummheit anderer ergötzen, um uns selbst nicht ganz so dumm zu fühlen. Was hier in Wirklichkeit aber geschieht ist reine Hetze. Ganz gezielte Hetze gegen unsere Mitmenschen. Und diese Hetze erzeugt Wut, Hass und Angst. Angst davor, dass uns islamistische Terroristen überfallen, Angst vor rechten oder linken Extremisten, Angst vor dem Gerichtsvollzieher, der im TV immer die größten „Assis" besucht und wir dann automatisch auch zu solchen „Assis" werden. Angst vor unserem Nachbarn, dass er uns denunzieren könnte, da wir ja natürlich auch immer wieder gerne „verbotene Dinge" tun, wie Sonntag Abend Rasenmähen oder nach 22 Uhr noch laute Musik hören.

Denn im TV sehen wir ja jeden Tag, dass die Nachbarn dann die Polizei rufen oder uns über den Maschendrahtzaun hinweg mit der Mistgabel wegen Terror drohen.

All dies hat natürlich in der Regel nur wenig mit der „Realität" zu tun und dient nur unserer destruktiven Programmierung.

Dass die Nachbarn vielleicht abends zu uns kommen um uns zu helfen, die Oma ins Bett zu bringen, die pflegebedürftig ist, das sehen wir im TV nur nach 22 Uhr, wenn die meisten brav arbeitenden Menschen eh schon im Bett sind. Es sollen ja nicht ZU viele Menschen positiv getriggert werden.

Schon unsere Kinder werden im Nachmittagsprogramm regelrecht terrorisiert mit Programmierungen aller Art. Und wir wundern uns dann, dass unsere Kinder aus dem Ruder laufen und seltsame Dinge tun, die wir „früher nie getan hätten, als noch Zucht und Ordnung herrschte", wie man immer öfter wieder hört. Natürlich nicht, wir haben damals andere Dinge getan, aber noch nie zuvor waren unsere Kinder in der Masse so abgeschirmt von der Natur und der Menschlichkeit wie heute. Früher haben uns unsere Eltern und unsere direkten Nachbarn programmiert. Aber nie so sehr, dass wir dabei Psychosen und Depressionen entwickelt hätten. Heute haben machtgierige Konzerne diese Aufgabe übernommen. Und wir helfen ihnen tatkräftig dabei, da wir es ja selbst nicht mehr besser wissen durch die permanente Programmierung aus dem TV oder dem Handy auf das wir den größten Teil unserer freien Zeit starren.

Man sieht schon zweijährige Kinder im Kinderwagen, die gebannt auf ihr Handy starren, auf dem „pädagogisch wertvolle" Videos von YouTube laufen und so schon in diesem kritischen Alter voll programmiert werden.

Doch all diese „Influenzer", wie es auf Neudeutsch heißt, haben einen unschlagbaren Vorteil: Man kann sie abschalten. Mit einem einzigen „Klick"!

- Positives Denken verändert deine Realität zum Guten -

Reprogrammierung der eigenen Spielfigur

Wenn wir verstanden haben, wie wir programmiert werden, beginnt ein Kreislauf, der nicht mehr aufzuhalten ist. Doch zuvor müssen wir ein paar Dinge in unserem Leben ändern. Als erstes müssen wir alle Medien abschaffen. Kein TV, kein Radio, kein sinnbefreites „Alexa", keine Zeitung. Nichts, in dem Werbung und Nachrichten zu finden wäre. So schwer es auch fallen mag am Anfang. Hören wir auf, RTL und Co zu schauen. Hören wir auf, Nachrichten zu schauen. Am besten hören wir ganz auf, irgendetwas zu schauen, das wir nicht gezielt aussuchen können. Wenn wir Filme oder Serien schauen möchten, gibt es dafür genügend werbefreie und oft auch kostenlose Anbieter. Meiden wir Nachrichten um jeden Preis! Nachrichten sind die absolute Nr.1 in Sachen Programmierung. Hier findet der Großteil an Desinformation und gezielter Beeinflussung statt. Vergessen wir nicht: Wir leben in einer Simulation und nichts von dem, was wir in den Nachrichten hören, ist real. Es ist alles frei „erfunden" und wird erst zur Realität, wenn wir es zum Teil unseres eigenen Lebens machen oder es zuvor vielleicht direkt erlebt haben. Der Tsunami in Japan, der mal wieder 1000 Menschen getötet hat, ist nicht real, wenn wir nicht dabei waren. Er ist nur eine Randinformation, die dazu dient, destruktive Gedanken in uns auszulösen. In unserer Realität gab es jedoch keinen Tsunami in Japan, da es ja noch nicht mal Japan selbst gibt. Wir erinnern uns an ein vorheriges Kapitel: Nichts von dem, was wir nicht über unsere Spielfigur wahrnehmen können, existiert.

Dennoch machen wir uns Gedanken über die Menschen, die dort gestorben sind, obwohl diese nicht einmal Teil unserer Realität sind. Wir nennen es „Mitgefühl". Doch Mitgefühl sollte stets von positiven Gedanken begleitet werden. Sonst ist es nur Selbstbetrug. Dieser Selbstbetrug ist ein sehr mächtiges Werkzeug, wenn es um die Programmierung von Wesen geht. Was wir glauben wollen, das wird sich auch auf die eine oder andere Art und Weise manifestieren.

Sobald wir TV & Co aus dem „Fenster geworfen" haben und keine Nachrichten uns mehr erreichen können, beginnt ein recht schmerzhafter Prozess des Entzuges. Und zwar im medizinischen Sinne. Denn wir sind darauf programmiert, alles wissen zu müssen und hören zu müssen, was unser Nachbar macht, was in der Welt vor sich geht und wessen Oma mal wieder gestorben ist. All dies haben wir zuvor über die Medien erfahren. Das ist nun nicht mehr der Fall. Unser Unterbewusstsein ist aber ein gieriges Luder! Es ist NEUgierig. Es ist trainiert, stets auf dem neusten Stand des Klatsches und des Tratsches zu sein. Bekommt es dies nicht, werden wir nervös und unleidlich. Die Medien waren unsere Droge und diese wurde uns nun genommen. Wir sind gezwungen, unser Leben selbst in den Griff zu nehmen und selbst zu denken. Das ist sehr schwer!

Niemand sagt uns mehr aus einer Zauberkugel heraus, was wir tun und lassen müssen. Das kann im schlimmsten Falle zu einer Depression führen.

Daher ist es wichtig, diese Zeit zu überbrücken.

Man sollte sich mit Freuden treffen und mit ihnen tratschen und vielleicht auch die eine oder andere „News" austauschen. Dagegen ist nichts einzuwenden. Doch irgendwann müssen wir loslassen, spätestens, wenn die Entzugserscheinungen nachgelassen haben.

Dazu gibt es mehrere Mittel und das härteste (aber wirksamste) Mittel ist das „Entfernen von toxischen Freunden". Sprich, das Fernhalten von Menschen, die noch tief in ihrer Programmierung gefangen sind. Diese werden uns ab jetzt nichts mehr geben können außer Frust und Kopfschütteln. Also müssen wir sie loslassen. Es werden andere Freunde in unser Leben kommen. Ganz automatisch. Die KI der Matrix reagiert auf unser „Erwachen" mit Bereitstellung einer alternativen Realität, die sich vermutlich großflächig von der alten unterscheiden wird. Wir erkennen plötzlich Dinge, die vorher nicht da waren oder die wir schlicht nicht erkennen konnten, weil unsere Augen stets zu Boden gerichtet waren. Unsere Sinne schärfen sich und wir bekommen ein anderes Körpergefühl. Unser Sinn für das Wesentliche verschiebt sich in Richtung Relevantes. Wir erkennen andere SpielerInnen leichter und können uns schneller mit ihnen verbinden.

Wir erhalten neue Mittel und Wege der sozialen Interaktion mit diesen und werden von diesen als gleichwertig angesehen und nicht mehr als das Opfer als das wir uns vielleicht zuvor gefühlt haben.

Unsere Basisprogrammierung beginnt sich umzuschreiben! Und zwar auf „Werkseinstellung".

Unser morphogenetisches Feld kann uns wieder „herstellen". So herstellen, wie wir in die Simulation eingetreten sind: Unbelastet.

Das Gesetz des Ausgleichs

Im asiatischen Kampfsport lernt man meist zu Beginn schon: *"Nutze nicht ständig deine Kraft zum Nachteil des Gegners, sondern versuche eher die Kraft des Gegners zu deinem eigenen Vorteil zu nutzen"*.
In unserem Falle bedeutet dies *"Manifestiere nicht das, was du willst, sondern ändere das, was du NICHT willst."*
Warum das so ist, erklärt das Gesetz des Ausgleichs, das in allen Bereichen des Lebens verankert ist und auch in der Physik ein Grundsatz ist: "Actio est reactio". Jeder gesetzte Impuls hat einen entgegen gerichteten, gleichwertigen Impuls zur Folge. Daher gibt es zwei Wege der Manifestation:

1. Ich WILL, dass etwas passiert und richte all meine Kraft darauf.

Dabei versuche ich etwas zu erstellen, dass zuvor nicht existent war. Ich versuche, etwas zu erschaffen. Das geht zwar mit sehr viel Kraft, doch es erzeugt ein Feedback mit der gleichen Kraft, welches direkt zu mir zurück kommt. Dabei hat der destruktive Wunsch jedoch, wie zuvor schon beschrieben, mehr Macht als der konstruktive. Doch egal wie die Intention ist, das Feedback ist gleichwertig unserem Wunsch. Daher ist es sehr wichtig, zu überlegen, was wir uns wünschen und was wir manifestieren wollen, denn es kann uns das Leben selbst kräftig versauen und zur Hölle machen.

Neues manifestieren sollten also nur Menschen, die so sehr gefestigt sind, dass sie den Sturm ertragen können, der mit Garantie zurückkommt.

2. Die Umkehr der Manifestation (oder deren Versuche) anderer.

Dies ist die Macht, die jeder besitzt und die jeder anwenden sollte! Wenn jemand etwas Destruktives manifestieren will (wie es die Medien z.B. gerne tun), so bestärken wir es, wenn wir in negative Interaktion damit treten. Wenn wir uns deswegen ärgern oder gar fürchten. Wenn wir nun aber hingehen und das Ganze ins POSITIVE kehren und zwar ganz aktiv (ja, der Selbstbetrug ist ein mächtiges Werkzeug!), können wir die Welle "auffangen", "umkehren" und umgekehrt zurücksenden. Das ist das "Prinzip des Kreises": Fange eine Energie ein und leite sie zum Sender zurück. Sprich: Den Manipulanten mit seiner eigenen Manipulation treffen. Das geht sehr leicht. Es reicht, sich davon nicht negativ beeinflussen zu lassen und zu denken: "Netter Versuch, aber ohne Wirkung. Hier, nimm statt dessen etwas von meiner positiven Energie". Die Welle die dabei entsteht hat zwar nicht die Kraft der destruktiven Welle, die wir empfangen haben, aber hier kommt es auf die Masse derer an, die die Welle zurücksenden. Und dann ist das Feedback, das wir zurücksenden, weitaus größer als die Welle des Manipulanten!

Da wir in der Regel durch unser Unterbewusstsein ständig Dinge manifestieren, meist ohne es zu merken, gibt es auch ein dauerhaftes Feedback, das ständig zu uns zurückkehrt.

Auch dieses Feedback merken wir in der Regel nicht, aber wir bemerken eine Art „Sinuskurve" in unserem Leben, die dafür sorgt, dass es mal auf und mal ab geht. Mal erfahren wir Konstruktives, mal Destruktives.

Das Destruktive ist dabei stets das Feedback des Konstruktiven und das Konstruktive stets das Feedback des Destruktiven. Ein immerwährender Wechsel, solange wir nicht aktiv (bewusst) eingreifen. Das ist die normale Grundschwingung, die wir gerne „Schicksal" nennen. Die aber in Wahrheit nichts weiter ist als die Summe von Aktion und Reaktion und übers gesamte Leben gemittelt immer „Null" ergibt.

Krankheiten, Schmerz und Tod innerhalb der Simulationen

Als Teil der Simulation ist unser Körper natürlich auch für alles anfällig, das in der Simulation eine Veränderung an unserem Körper, unserer Spielfigur, hervorruft. Das bedeutet zwar nicht, dass es real wäre, aber es bedeutet, dass wir es als real wahrnehmen. In der Regel erfahren wir jegliches Feedback aus den Daten, die uns aus dem Basisfeld der Matrix erreichen, als Sinnesreiz. Stärkere Sinnesreize nennen wir „Schmerz". Wenn wir in die Sonne schauen, schmerzen unsere Augen, weil die Sehnerven zu viele Informationen erhalten. Doch dieser „Schmerz" dient nur dazu, uns dazu zu verleiten, die aktuelle Aktion abzubrechen, da der Körper sonst Schaden erleiden könnte. Ein reiner Schutzmechanismus. Doch in Wahrheit ist Schmerz nichts weiter als ein massives Datenpaket, das von unserem Gehirn interpretiert wird. Je schneller das Gehirn „Gefahr" meldet, desto schneller erfahren wir den Sinnesreiz als Schmerz. Wenn wir z.B. wissen, dass uns eine Spritze nicht schadet, erfahren wir durch sie auch keinen Schmerz sondern nur ein mehr oder minder starkes Feedback. Jemand der Angst vor Spritzen hat, wird dieses Feedback jedoch als massiven Schmerz erfahren, denn a) hatte er bereits eine schmerzhafte Erfahrung mit einer Nadel und b) verstärkt die Angst über die Stresshormone die Schmerzinterpretation massiv. Erst wenn die Angst übermächtig wird, schaltet der Körper auf Notfallbetrieb und die Schmerzwahrnehmung wird durch Adrenalin komplett ausgeschaltet.

Wenn wir aber wissen, dass Schmerz nur ein elektrisches Feedback ist und somit eigentlich gar nicht real, können wir die „Schmerzmeldung" im Gehirn aktiv verhindern.

Wir spüren zwar noch immer das Feedback, nehmen es jedoch nicht mehr als bedrohlich wahr und fühlen somit keinen Schmerzimpuls, der uns normal zu einer sofortigen Fluchtreaktion verleiten würde. Es gibt Menschen, die dies so gut im Griff haben, dass sie fast keinerlei Schmerzen mehr fühlen, weil sie ihn schlicht nicht zulassen. Denn sie wissen, dass jeder Schmerz eine reine Einbildung ist. Eine Interpretation des Gehirnes auf einen Reiz. Und diese Interpretations-Routine kann man so umprogrammieren, dass kein Fluchtimpuls mehr generiert wird. Somit kommt es auch nicht zu einem Schmerzempfinden. Das ändert jedoch nichts an der Tatsache, dass ein Ziegelstein, der uns auf dem Kopf fällt, sehr weh tut und großen Schaden an unserer Spielfigur anrichten kann, denn beides ist gleichwertiger (nicht realer) Teil der Simulation!

Auch viele Krankheiten sind reine Einbildung, bzw. Produkt unserer mentalen Verfassung. Wie wir zuvor gehört haben, kann unser Geist über epigenetische Programmierung so ziemlich jede Krankheit in unserem Körper manifestieren. Man nennt sie dann schlicht „psychosomatisch". Auf diese Weise können wir eine (non-virale) Erkältung bekommen, eine allergische Reaktion, einen Herzinfarkt oder sogar Krebs.

Unsere Gedanken können unsere Spielfigur in der Tat töten. Und das auf mannigfaltige Art und Weise. Die bekanntesten Reaktionen auf unsere Gedanken sind zweifelsohne die sogenannten „Autoimmunerkrankungen".

Symptome, die auftreten, weil sich unser Immunsystem gegen unseren eigenen Körper richtet. Und das völlig ohne Grund.

Hier liegt eine Fehlprogrammierung vor, die fast ausnahmslos psychosomatisch ausgelöst wurde. Und da wir jede Programmierung mit unseren Gedanken verändern können, kann jede psychosomatische Erkrankung in Sekunden verschwunden sein, wenn sich unsere Einstellung ändert oder wenn sich die Gründe für den psychischen Druck, der stets dahinter steht, auflösen. Ich selbst habe dies oft erleben dürfen. Die meisten „Krankheiten" sind so heilbar. Selbst so hartnäckige Krankheiten wie Krebs. Denn Krebs ist nur ein Ausdruck von Immunversagen und dabei liegt sehr oft eine Fehlprogrammierung vor, die (neben genetischer Disposition) auf massivem Stress oder Angst beruht. Auch hier schalten epigenetische Vorgänge das Immunsystem schlicht herunter oder sogar ganz aus. In der Regel werden Krebszellen (die jeder Mensch produziert) vom Immunsystem erkannt und beseitigt. Geschieht dies nicht, vermehren sich diese Zellen und bilden einen Tumor, der uns schließlich töten kann. Wird das Immunsystem aber wieder rechtzeitig gestärkt oder wieder aufgebaut, kann der Körper den Tumor erfolgreich bekämpfen. Modernste Gentherapien basieren auf genau diesem epigenetischen Prinzip.

Über die Mechanismen Stress und Angst (also die Ausschüttung von Stresshormonen und Adrenalin) können sich also alle nonviralen Krankheiten ganz von selbst bilden, wenn Stress und Angst zum Dauerzustand werden. Ohne, dass ein somatischer (den Körper betreffender) Grund dafür vorliegen würde. Unser Wille schädigt den Körper durch destruktive Manifestation.

Selbst bei „echten" Erkrankungen, wo unser Körper aktiv geschädigt ist, etwa Leberzirrhose, liegen Schädigungen vor, die unser Körper normalerweise regenerieren könnte, wenn die Zellen noch die Fähigkeit hätten, sich zu erneuern. Es gibt dokumentierte Fälle von spontaner Umwandlung von Zellen in Stammzellen, also Zellen aus denen wieder alles beliebige werden kann. Bis heute weiß man jedoch nicht, wie diese extrem seltenen Fälle zustande kommen. Doch auch hier liegt eine klassische Manifestation vor, die vermutlich zu einer Reprogrammierung einzelner Zellen führte, so wie bei den Ciba-Geigy-Eperimenten von 1988.

Auch virale Erkrankungen sind in der Regel keine echten Krankheiten, da sie nur dann auftreten, wenn unser Immunsystem instabil oder zu schwach ist. In der Regel kann uns ein Virus nichts anhaben, da Viren, wenn sie uns als korrekten (!) Wirt ansehen, stets in Symbiose mit unserem Körper leben. Kein Symbiont würde seinen Wirt töten. Wenn unser Immunsystem aber außer Kontrolle ist und nicht korrekt arbeitet, verbreiten sich Viren unkontrolliert in unserem Körper und nötigen den ihn zu einer „Notfallreaktion". Am Beispiel der Erkältungsviren, die wir mittlerweile hinreichend aus Funk und TV kennen, verhält es sich so, dass sie in unseren oberen Atemwegs-Schleimhäuten leben und sich dort vermehren. Dadurch zerstören sie die Schleimhautzellen und nötigen die Schleimhaut zur ständigen Regeneration. Auf diese Weise bleiben unsere Schleimhäute immer in Form und gesund. Dies merken wir jedoch nicht, da das Immunsystem aufpasst, dass die Viren ihren „Job" erledigen und sich nicht zu sehr ausbreiten.

Ist dieser Regelmechanismus jedoch unterbunden, weil das Immunsystem gestört ist, werde zu viele Schleimhautzellen zerstört und die Viren verbreiten sich ungehemmt.

Darauf reagiert der Körper mit Abstoßung der Schleimhäute. Wir bekommen Schnupfen und die Nase rinnt. Kann das schwache Immunsystem nun noch immer keine Eindämmung erreichen, gelangen die Viren mit dem Schleim auch in die oberen Luftwege und befallen die Schleimhautzellen der Bronchien. Nun schaltet unser Körper auf „Stufe 2" der Direktabwehr und wir bekommen Husten, um den Schleim abzutransportieren. Reicht dies noch immer nicht aus, schaltet der Körper auf die höchste Stufe: Fieber. Das Immunsystem ist nun komplett gebunden und damit beschäftigt, die Viren einzudämmen, die durch das Fieber geschwächt werden. Bislang sind wir jedoch noch immer nicht krank sondern erfahren lediglich eine Immunreaktion!

Doch nun kommen „Trittbrettfahrer" ins Spiel: Die Mikroben in unserem Körper. Ganz vorn dabei die Kokken. Diese sind nun „unbeobachtet" und beginnen sich ungehemmt zu vermehren. Normalerweise leben auch die Mikroben mit uns in Symbiose, doch wenn sie die Chance haben, können sie dem Körper auch großen Schaden zufügen.

Auf der Schleimhaut der Bronchien ist es nun dank des Fiebers mollig warm und unsere kleinen Gäste fühlen sich so richtig wohl und vermehren sich ungehemmt. Auch hier reagiert der Körper sofort. Und zwar mit einer lokalen Erhöhung der Gewebetemperatur um die Bakterien abzutöten. Wir bekommen eine lokale Entzündung.

Nun SIND wir krank, denn eine Entzündung kann uns jederzeit töten, wenn der Körper es nicht schafft, sie in den Griff zu bekommen.

Auch wenn die Viren mittlerweile vielleicht wieder „normal" arbeiten, wüten die Bakterien weiter und befallen letzlich die Lunge. Wir bekommen eine Lungenentzündung die unbehandelt eine sehr hohe Sterblichkeitsrate aufweist. Versagen sowohl Fieber als auch Immunsystem hier, so kommt es zum Lungenversagen und zum nachfolgenden Tod des Körpers. Doch das, woran wir gestorben sind, waren nicht Viren. Und auch nicht Bakterien. Wir sind an einem Immunversagen gestorben. Und dies wurzelt in fast allen Fällen im Psychosomatischen. Voll mit Stress und Angst und mit hohem Fieber und ohne gute Betreuung, vielleicht alleine in einem kleinen Zimmer, ist unser Ableben fast gesichert.

Von der Physiologie her, ist unser Körper so angelegt, dass er JEDE „Erkrankung" vermeiden kann, die viraler oder bakterieller Art ist. Unser Körper ist in der Simulation so erschaffen, dass er Krankheiten nicht kennt. Dafür ist unser Immunsystem derart hochgezüchtet, dass dies im Normalfall schlicht nicht möglich ist. Denn das Immunsystem ist, wie die Viren, ja auch nur ein Programmcode. Nur wenn es seinen Dienst nicht korrekt verrichten kann, dann kann es dazu kommen, dass unser Körper eine Immunreaktion initiiert oder sogar krank wird und stirbt.

„Ein gesunder Geist wohnt in einem gesunden Körper" ist nicht nur eine oft strapazierte Metapher. Nein, es entspricht absolut der Realität.

Der schließliche Tod unseres Körper ist jedoch, wie eingangs schon erwähnt, reine Illusion, da hier nur unsere persönliche ID von unserer Spielfigur gelöst wird, um sie der nächsten freien (oder gewünschten?) Figur zuzuordnen und damit ein neues Leben zu beginnen.

Der Weg zum „Erwachen"

Wir haben nun erfahren, was die Matrix ist, wie sie aufgebaut ist, wie wir damit interagieren und wie sie mit uns interagiert. Doch all dies nutzt uns nichts, wenn wir nicht wissen, wie wir der Programmierung, die uns im Laufe unseres simulierten Lebens aufgezwungen wurde, entgehen können. Ohne diese los zu werden, werden wir nie ein „Level" erreichen, auf dem wir unser Leben nachhaltig verbessern oder gar ändern können, geschweige denn die Simulation in der wir leben. Wir werden nie in der Lage sein, anderen dabei zu helfen, es uns gleich zu tun, wenn sie danach streben. Doch der Weg dorthin ist sehr steinig und überaus steil und oft straucheln wir und werden zurückgeworfen oder sogar aktiv dabei von anderen blockiert. Daher will ich im Folgenden darauf eingehen, wie unser Weg leichter werden kann und wie wir Hindernisse leichter überwinden können, wenn wir bestimmte Mechanismen beachten:

Die Simulation – Das erschaffene Paradies

Als die Simulation erschaffen wurde, wurde sie so programmiert, dass der Mensch, der sein Leben darin leben sollte, eine perfekte Welt vorfindet, in der Frieden und Harmonie herrscht. Schließlich sollte es der Entspannung dienen, während der Körper im Ruhemodus ist. Die Matrix wurde konzipiert, damit das Gehirn und der Geist keinen Schaden nimmt während der lange Schlafphase. Damit die Simulation selbst nicht zu sehr verändert wird durch die „SpielerInnen", sorgt die Grundprogrammierung dafür, dass jede Welle, die durch Gedanken entsteht, abgefedert wird, so wie zuvor beschrieben. Sie wurde also als „Garten Eden" erschaffen, in dem der teilnehmende Mensch alles vorfindet, was er braucht. Negative Strukturen und Gedanken waren in der Grundprogrammierung nicht vorgesehen. Nichts Negatives sollte den Geist der Schlafenden ablenken oder beeinflussen. So war es jedenfalls der Plan der Erschaffer der Matrix: Der „Administratoren".

Diese „Schöpfer" der Matrix, die selbst SpielerInnen in der Simulation sind, waren von Anfang an die einzigen, die nach dem Eintritt in die Simulation von der Matrix wussten. Alle anderen SpielerInnen waren und sind noch heute (bis auf wenige Ausnahmen) der Überzeugung, dass die Simulation die „reale Welt" ist.

Von Anfang an glaubten die Menschen in der Simulation, dass jemand sie erschaffen haben musste. Es musste einen oder mehrere Schöpfer geben.

Das war natürlich völlig korrekt, denn die Matrix wurde von einem Programmierer-Team entwickelt, die selbst an der Simulation teilnehmen.

Doch innerhalb dieser Simulation besitzen sie, im Gegensatz zu den anderen Menschen, „Administrationsrechte". Sie haben also die Fähigkeit, die KI zu steuern und damit die Matrix zu verändern. Das war so vorgesehen, denn es musst jemanden geben, der im Notfall eingreifen konnte, wenn mit der KI etwas nicht stimmt. Zu Beginn achteten diese Administratoren sehr auf ihre Schöpfung. Doch schnell wurde ihnen langweilig, da sie ja wussten, dass sie gerade nur ein „Spiel" spielen. Daher begannen sie, ihre eigene Welt so zu verändern, dass es mehr „Spaß" machte.

Bis einer der Administratoren auf die Idee kam, die anderen SpielerInnen direkt zu manipulieren, um mehr Macht zu erhalten. Er veränderte die Grundprogrammierung aller NPCs und fügte das Konzept „Böse" hinzu. Bislang gab es nur das Konzept „Gut", da dies schlicht der Normalzustand war.

Natürlich gibt es „Gut" und „Böse" nicht, dies sind lediglich Konzepte, die sich der Mensch erdacht hat aufgrund der Interaktion mit den NPCs, die seit dieser Zeit mal „konstruktiv", mal „destruktiv" waren und sind. Davor waren die NPCs stets konstruktiv, um die SpielerInnen möglichst zu unterstützen. Doch durch diesen „Hack" einer der Administratoren, gab es nun auch NPCs, die die SpielerInnen aktiv behinderten. Die „Dualität" des Menschen wurde geboren.

Diesen Vorgang können wir in allen alten Mythologien der Erde nachlesen, aus denen später auch die Religionen entstanden sind.

Immer lebte der Mensch im Paradies, bis dem Menschen das Konzept von „gut und böse" offenbart wurde. Die Genesis spricht vom „Sündenfall" und dem Essen vom „Baum der Erkenntnis" wonach der Mensch das Konzept von „Gut und Böse" kannte. Dafür wurde der Mensch vom „Schöpfer" aus dem Paradies verbannt. So berichten es die Mythologien. Dies ist an sich reine Glaubenssache. Viele sehen es als Metapher an, so wie die gesamte Genesis als reine Metapher zu verstehen ist. Doch sie beinhaltet das, was die Menschen tatsächlich in der Simulation erlebt haben, als die NPCs ihre Dualität erhielten. Sie erlebten etwas, was sie zuvor in der Simulation nicht kannten: Destruktivität und deren Folgen. Und sie erkannten, dass sie dieses Konzept nutzen konnten, um sich einen Vorteil gegenüber anderen zu verschaffen. Die SpielerInnen erkannten, dass negative Handlungen (die einen negativen/destruktiven Gedanken voraussetzen) sehr große Macht haben, die Simulation zu verändern.

Der Grund dafür ist, dass die KI so programmiert ist, dass sie nur konstruktive (also in diesem Falle „normale") Gedanken „glättet". Dies war ihre Grundprogrammierung, damit die Simulation nicht verändert wird durch die Wellen, die die SpielerInnen generieren. Doch mit dem neuen Konzept der destruktiven Wellen konnte die KI nichts anfangen.

Sie war und ist nicht darauf programmiert, destruktive Wellen zu glätten.

Zwar interpretiert sie diese wie alle Datensätze, die sie empfängt, doch sie glättet sie nicht. Und daher verändern sie unsere Umgebung.

Und zwar sehr erfolgreich und oft sehr drastisch. Das ist der Grund, warum sich auch heute ein konstruktiver Gedanke nur sehr schwer manifestieren lässt, destruktive hingegen in Windeseile.

Mit diesem Konzept war es dem „Hacker" nun möglich, die SpielerInnen direkt zu manipulieren. Er erhob sich (zum Missfallen der anderen Administratoren) zum alleinigen „Schöpfer" und entzog den anderen Administratoren viele ihrer Möglichkeiten in der Matrix. Somit konnten sie ihn nicht mehr aufhalten. Ab diesem Zeitpunkt hatten sie nicht mehr die Möglichkeit, die Matrix selbst zu manipulieren. Das konnte nur noch der „eine Schöpfer". Die Administratoren wurden zu „Moderatoren" degradiert.

Das Wissen über das wahre Wesen der Matrix ging verloren, jedoch nicht das Wissen über die „Schöpfung" dieser. Die Administratoren wurden daher bald als „Schöpfer/Götter" verehrt. Sie interagierten auch mit den SpielerInnen und vermutlich halfen sie ihnen sogar, deren Simulation zu verbessern. Mal aus Mitgefühl, mal aus Spaß, mal aus Eigennutz. Sie wurden jedoch stets als „höhere Wesen" angesehen, obwohl sie natürlich auch nur normale SpielerInnen waren, dazu verdammt, das „Spiel" zu spielen, bis die KI sie wieder erweckt. Aber eben mit einer „Allmacht" ausgestattet, die Welt nach ihrem Willen zu formen.

Als der „eine Schöpfer" jedoch die Matrix veränderte und die anderen Schöpfer degradierte, ersann er Strukturen, die seine Macht festigen sollten. Er programmierte viele NPCs um und machte sie zu seinen Dienern. Er nannte sie „Priester" und ließ sie sein „Wort" verbreiten.

Diese Priester erschufen ein Bild, das nur noch einen einzigen Schöpfer zuließ, den die Menschen zu verehren hätten, da sie sonst bestraft würden.

Das Konzept von „Himmel und Hölle" wurde eingeführt um die Menschen gefügsam zu machen.

Die anderen Schöpfer konnten dies nicht verhindern, ihnen fehlte nun die Macht dazu.

Immer mehr Destruktives wurde von diesen Priestern verbreitet und immer mehr destruktive Gedanken fanden Einzug in die Programmierung der SpielerInnen. Durch ein immens effizientes System aus „Zuckerbrot und Peitsche" wurden die SpielerInnen derart programmiert, dass sie genau jene Wellen aussandten, die der „eine Schöpfer" haben wollte, um seine Macht innerhalb der Matrix zu stärken.

Um noch mehr Destruktives in die Simulation zu bringen, wurden weitere „Religionen" ersonnen, um die SpielerInnen zu entzweien. Es gab nun plötzlich einen „richtigen" und viele „falsche" Glauben an den „einen Schöpfer". Dies führte zu Spannungen, Entzweiungen von Familien, Unruhen und schließlich zu dem Unvermeidlichen: Krieg. Erstmals begannen die SpielerInnen sich innerhalb der Simulation gegenseitig zu bekämpfen. Die destruktiven Wellen, die dabei entstanden, veränderten die Matrix so nachhaltig und gaben dem „einen Schöpfer" derart viel Macht, dass seit jener Zeit die Menschen als SklavInnen des „einen Schöpfers" leben müssen, der stets dafür sorgt, dass die sie nicht wieder zu einer Einheit finden.

Doch die anderen Schöpfer, nun Moderatoren, hatten noch immer das Wissen über die Matrix und Macht über NPCs und SpielerInnen.

Sie ersannen das Konzept des „gütigen, alles verzeihenden Schöpfers", der vom Menschen nur Gutes erwartet. Sie gaben den Menschen „Gebote", nach denen sie leben sollten. Und sie gaben ihnen Hoffnung und das Konzept der „Nächstenliebe".
Doch diese wurden und werden immer wieder durch die programmierten Priester pervertiert und ad absurdum geführt, damit die SpielerInnen sehen konnten und können, dass nur das Destruktive von Dauer ist.
Was früher durch die Priester-NPCs erreicht wurde, übernahmen sehr viel später, und bis heute, die Medien. Immer wieder dienen sie als Mittel, um die Menschen zum Destruktiven zu überreden. Durch gezieltes Streuen von negativen Inhalten, vor allem über sogenannte „Nachrichten", gelingt es, die SpielerInnen stets so zu programmieren, dass sie im Destruktiven verharren und ständig durch ihre Angst und negativen Gefühle, destruktive Wellen aussenden, die die Matrix so erhält und stärkt, wie es der „eine Schöpfer" will und benötigt. Denn eines wurde schnell klar: Ohne diese destruktiven Wellen würde dieser „eine Schöpfer" seine Macht verlieren und die Menschen würden aus der Sklaverei der Destruktivität erwachen.

Es besteht durchaus die Möglichkeit, dass die KI die Simulation längst beendet hätte, da die Schlafphase vielleicht bereits zu Ende ist.
Doch wer will schon auf einer Welt leben, auf der es nichts mehr gibt und auf der man komplett neu beginnen muss, während man innerhalb der Simulation alles hat, was man sich je erträumte.

Würde die Simulation beendet, wäre der „eine Schöpfer" wieder nichts weiter als einer von hunderttausenden Menschen, die um ihr tägliches Überleben kämpfen müssen, in einer lebensfeindlichen Welt. Und vermutlich würde er sich auch für seine Verbrechen innerhalb der Matrix verantworten müssen.

Wobei man es ihm jedoch fast nicht vorwerfen kann, da Macht vor allem eines bewirkt: Sie korrumpiert!

Daher ist davon auszugehen, dass er mit aller Macht verhindern will, dass die KI die Simulation beendet.

Die einzige Möglichkeit, die wir also haben, um der Sklaverei zu entgehen der wir innerhalb der Simulation ausgeliefert sind, ist, dem „einen Schöpfer", dem „Herrn der Destruktivität", die Macht zu nehmen. Und dies geht nur, wenn wir das Destruktive ins Konstruktive umwandeln. Dies wiederum gelingt uns nur, wenn wir soweit erwachen, dass wir die Sklaverei erkennen, in der wir leben. Denn oft fühlt sich das „Leben" durchaus gut und konstruktiv an. Oft haben wir das Gefühl, dass alles in Ordnung ist. Zumindest für uns selbst...

Doch das ist reine Illusion, denn als Teil einer großen Gemeinschaft kann es uns nicht gut gehen, wenn es unserem Nachbarn schlecht geht. Wenn wir dies erst einmal erkannt haben, können wir unseren langen Weg zum Erwachen in Angriff nehmen.

Dazu gibt es viele Mittel und Wege. Die erfolgreichsten Wege werde ich im Folgenden unter die Lupe nehmen.

- Positives Denken verändert deine Realität zum Guten -

„Überwinde deine Programmierung!"
[Anm. d. Simulations-Verwaltung]

Reprogrammierung - Meditation, Samadhi und Fana

Das Geheimnis der „Reprogrammierung", also der Wiederherstellung der „Werkseinstellungen" unserer Spielfigur, liegt im „Mittelmaß". Etwas, das die meisten Menschen als negativ erachten. Mittelmäßig zu sein, heißt bei uns zumeist: Schlechter als viele andere. Hier liegt der Fokus auf dem Destruktiven. Mittelmäßig zu sein bedeutet aber auch: besser zu sein als viele andere. Hier liegt der Fokus auf dem Konstruktiven.

Die Summer aller Wellen, die wir aussenden, sollte jedoch in genau diesem „Mittelmaß" liegen, sprich, konstruktive und destruktive Wellen sollten sich gegenseitig aufheben und die Waage halten. Nur „Gut" oder nur „Böse" ist eine reine Illusion und kann von keinem der SpielerInnen jemals erreicht werden. Dazu sind wir viel zu sehr von den Wellen abhängig, mit denen wir in jeder Sekunde konfrontiert werden.

Da wir jedoch auf die meisten Wellen, die wir aussenden, keinen Einfluss haben, da sie von unserem Unterbewusstsein gesteuert werden, kommt es auf unsere Programmierung an, wie die Mehrzahl dieser Wellen aussieht. Und genau hier müssen wir das Stemmeisen ansetzen.

Das Ziel muss es sein, Bewusstsein und Unterbewusstsein so in Einklang zu bringen, dass sie sich in der „Mitte" treffen.

Sprich, beide müssen zu 50% aktiv sein oder zumindest ansatzweise in diesem Bereich.

Wenn das der Fall ist, entsteht etwas, das wir gemeinhin „Trance" nennen. In diesem Zustand haben wir Zugang zu unserem Unterbewusstsein (und somit zur Grundprogrammierung der Spielfigur) aber noch immer genügend Kontrolle über den Körper, um nicht einzuschlafen. Diesen Zustand erreichen wir mehrmals am Tag, aber mindestens zweimal automatisch: Wenn wir einschlafen und wenn wir aufwachen. Schlafen wir ein, reduziert sich das Bewusstsein zugunsten des Unterbewusstseins und wenn wir morgens aufwachen, genau umgekehrt. Dabei erreichen wir für einige Millisekunden den Zustand der Trance, wenn beide Teile 50% betragen. Dann erleben wir oft seltsame Dinge. Wir hören Stimmen, Worte oder ganze Sätze, sehen Bilder, riechen Blumen und vieles Andere. Das liegt daran, dass unsere simulierten Sinne in diesem Zustand das „Datenrauschen" um uns herum bewusst wahrnehmen können. Das können die Gedanken anderer Spielerinnen in der Nähe sein, oder Erinnerungen die verschollen waren, aber auch Impulse, die von Moderatoren stammen oder gar dem verbliebenen Administrator. In der Regel sind diese Datenströme für uns jedoch bedeutungslos.

Doch in diesem Zustand gelingt es anderen SpielerInnen, die sich im gleichen Zustand befinden, oder auch „höheren Wesen", also Moderatoren, uns aktiv zu kontaktieren.

Da wir diesen Zustand aber nicht bewusst halten können, ist ein solcher Kontakt nur von extrem kurzer Dauer, falls überhaupt möglich.

In diesem Zustand, dem sogenannten „Halbschlaf", haben wir jedoch vollen Zugriff auf die Programmierung unserer Spielfigur und daher liegt hier der Schlüssel zur Reprogrammierung. Alles, was uns in diesem Zustand erreicht, kann uns sehr leicht programmieren. Konstruktiv aber natürlich auch destruktiv. Daher ist es wichtig, zu erkennen, was da an Daten kommt und wie wir damit umgehen müssen. Dies ist nur durch Erfahrung zu erlernen. Niemand kann hier ein Lehrer sein. Nur ein Ratgeber. Wir müssen jedoch zuerst lernen, wie wir diesen Zustand bewusst erreichen und ganz gezielt aufrecht halten können.

Der „billigste", aber auch gleichzeitig schwerste Weg dazu, ist die Meditation. Diese kann jeder Mensch erlernen wenn er es schafft, sich von seinen Ängsten zu befreien. Wie das geht, haben wir ja schon im letzten Kapitel gelesen. Die Meditation hat das Ziel, den Zustand der Trance, also den „Einklang" herzustellen. Dies ist nicht besonders schwer und kann relativ schnell gelernt werden. Doch sobald man die Trance erreicht hat und die „Visionen" beginnen, fängt das Gehirn sofort an, diese zu interpretieren als wären es normale Sinneseindrücke. Dies ist nun mal die Aufgabe des Gehirnes. Und sofort wird das Bewusstsein wieder voll hochgefahren und die Trance bricht ab.

Nur wenigen gelingt es, teils mit jahrelanger Übung, diesen Zustand willentlich aufrecht zu halten.

Hat man dies jedoch geschafft, ist man „in der Matrix".

Wir betreten das Reich „zwischen den Welten", also zwischen der Simulation und der realen Welt und können die Simulation „von außen" betrachten. So wie im Halbschlaf nehmen wir nun den Fluss der Wellen wahr, der an uns vorüber strömt und mit dem wir ständig in Interaktion sind. Wir hören das „Hintergrundrauschen der Matrix". Zu Beginn können wir damit noch nicht viel anfangen. Unzählige Informationen gelangen in unser Gehirn und belasten es bis zur Grenze des Erträglichen. Nicht wenige Menschen wurden in diesem Zustand „verrückt". Und doch ist dieser Zustand der Trance der einzige Weg, aktiv Zugriff auf unserer Grundprogrammierung zu erhalten. Und der einzige Weg, diese zu verändern!

Ein weiterer Weg, die Trance zu erreichen, ist der „chemische Weg", sprich die Einnahme von bewusstseinserweiternden Drogen. Diese schüttet der Körper normalerweise von selbst aus, bevor wir den Zustand der Trance erreichen, vor allem DMT. Doch stets in einer Minimaldosis. Führen wir die gleichen Substanzen nun jedoch von außen zu, z.B. über Ayahuasca oder ähnliche Substanzen, so wie es die indigenen Schamanen seit Beginn an tun, können wir den Zustand der Trance auch künstlich erreichen.

Doch hier ist große Vorsicht geboten, denn eine falsche Dosierung kann nicht nur zum Tod führen sondern auch zu einem „Hängenbleiben".

Sprich, man kann den Zustand der Trance nicht mehr aktiv beenden. Dies führt unweigerlich zum Kollaps des Bewusstseins und zur Unbrauchbarkeit der Spielfigur.

Haben wir die Trance nun erreicht, bietet sich uns ein Meer an Möglichkeiten. Wir haben im Prinzip „Moderatoren-Zugang" zur Matrix, wenn auch weit geringer als die echten Moderatoren. Wir betreten nun eine Zwischenwelt, in der wir keinerlei Erfahrung haben. Ohne „spirituellen Führer" kann man hier unglaublichen Schaden an seiner Spielfigur oder gar der Simulation selbst anrichten. Es ist im Prinzip ein „livehack", eine Operation am offenen Herzen. Dieses Meer der Möglichkeiten ist beinahe unendlich. Aber um es dennoch ein wenig zu kategorisieren, möchte ich es in „Stufen" einteilen, die jedoch natürlich nur sehr grob angerissen sind und oft fließend ineinander übergehen und sich abwechseln können:

Stufe 1: Das Erkennen

Wir haben erkannt, dass wir uns in einer Simulation befinden und wie sie sich zu erkennen gibt. Wir wissen um ihre Natur und welche Rolle wir darin spielen. Wir haben uns vielleicht auch schon von den destruktiven Einflüssen (Medien etc.) befreit.

Auf dieser anfänglichen Stufe nehmen wir in Trance den Datenstrom der Simulation aktiv wahr. Natürlich nicht so, wie es im Film „Die Matrix" dargestellt wird, sondern eher subtil als „Nebel der Möglichkeiten".

Wir erinnern uns an den „Quantennebel" und die „Unschärfe", die alle möglichen Zustände enthalten, die es gibt. Es ist mit Worten leider nur sehr schwer zu beschreiben, daher muss es abstrahiert werden:

Stellen wir es uns einfach als See vor, in dem wir stehen und in dem kleine und große Wellen um uns herum kommen und gehen. Dies wären die Datenpakete, die uns als Wellen von überall erreichen.

Wir können die Wellen dabei beobachten, wie sie interagieren und wie einige davon mit unserer Spielfigur in Interaktion treten. Wir haben die Möglichkeit, Wellen in unserer direkten Umgebung zu verändern, in dem wir selbst Wellen erzeugen. Doch das Resultat ist uns dabei völlig unbekannt. Man könnte es vergleichen mit dem Verändern der DNA, ohne zu wissen, was man tut. Das Ergebnis kann katastrophal sein oder konstruktiv. Oder es passiert gar nichts. Ein reines Glücksspiel. Um größere Schäden zu verhindern, schaltet sich daher in der Regel sofort ein Moderator als „spiritueller Führer" ein.

Mein persönlicher Moderator z.B. trägt den Namen *„Samath"* und erscheint in der Form eines „Mensch-Katzen-Hybriden" in dieser „Zwischenwelt".

Mir persönlich ist kein Fall bekannt, wo jemand diesen Zustand erreicht hat und keinen „Führer" getroffen hätte. Vermutlich ist dies schlicht so vorgesehen.

Aber natürlich kenne ich nicht alle Menschen, die diesen Zustand aufrecht halten können und so kann es durchaus auch „freie Geister" geben, die gar nicht wissen, was sie tun oder was geschieht und die diese Zwischenwelt nicht mehr verlassen können und ewig ziellos darin umherwandern. Vielleicht nehmen wir diese in der Simulation tatsächlich als „Geistwesen" wahr, wie wir es aus vielen Geschichten kennen. Ich selbst bin jedoch leider noch keinem begegnet ;-)

Auf dieser ersten Stufe können wir nun, mit Anleitung, kleine Änderungen an unserer Programmierung vornehmen, die sich sofort oder bald darauf in der Simulation manifestieren. Wir haben es vielleicht geschafft, den einen oder anderen „gordischen Knoten" zu zerschlagen, den wir schon seit vielen Jahren mit uns herum tragen und der uns Probleme bereitete. Auf jeden Fall schaffen wir es nun, uns eine Basis zu programmieren, die uns immer tiefer in die Geheimnisse der Simulation eindringen lässt, sofern es die Moderation zulässt, was auch nicht unbedingt die Regel sein muss!

Stufe 2: Die Reprogrammierung

Auf „Stufe 2" haben wir nun schon so viel gelernt, dass wir es vielleicht auch ohne Anleitung durch eine Moderation schaffen, unsere Spielfigur zu programmieren. Wir können aktiv alle Altlasten beseitigen, die uns im Laufe unseres Lebens aufgezwungen wurden. Wir sind fähig, die „Werkseinstellungen" wieder herzustellen und werden frei von destruktiven Einflüssen. Auf dieser Stufe können wir nun sehr frei agieren und können anderen dabei helfen, ihre eigenen Werkseinstellungen wieder herzustellen. Wir werden zu „Lehrern" innerhalb der Simulation, „Aushilfsmoderatoren", die in ihrem Umfeld Wellen generieren können, die andere SpielerInnen magisch anziehen.

Mit dieser neutralen Programmierung reagieren auch alle NPCs konstruktiv auf einen selbst.

Man trägt praktisch eine „Aura des Vertrauens", die kein Lebewesen kalt lässt. Man kann in „spirituelle" Interaktion mit jedem beliebigen Lebewesen treten, das einem in der Simulation begegnet. Man kann sich frei in der Zwischenwelt bewegen, ohne Schaden anzurichten. Doch abseits der eigenen Spielfigur hat man nur Beobachterfunktion. In dieser Stufe ist es noch nicht möglich, die Programmierung anderer Spielfiguren oder gar der NPCs zu ändern.

Stufe 3: Der „Sub-Moderator"

Dies ist die letzte Stufe, die SpielerInnen erreichen können. Die Stufe des „obersten Bewusstseinslevels". In der indischen Lehre wird dieses Level als „Samadhi" bezeichnet. Die Muslime nennen es „Fana". Es ist der höchste Zustand, den ein Geist erreichen kann. Ein Zustand, in dem alles möglich ist. SpielerInnen, die diesen Zustand erreichen, sind in der Lage, nicht nur ihre eigene Programmierung beliebig zu ändern, sondern auch die aller anderen Spielfiguren in ihrem Umfeld. Die Programmierung von NPCs ist jedoch weiterhin nur den Moderatoren und dem Administrator vorbehalten. Ein solches Wesen würde es sich zur Aufgabe machen, die simulierte Welt zu bereisen um jeden Ort zu erreichen und dort das „Wort" zu verbreiten. Dort würde es versuchen, die SpielerInnen zu erwecken, in dem es ihnen Dinge erklärt, die sie zum Aufwachen bringen.

Vielleicht solche wie jene, die in diesem Buch stehen. Diese SpielerInnen hätten eine große rhetorische Macht, die sie zur Deprogrammierung anderer einsetzen würden.

Doch noch immer unter der Aufsicht der Moderation, denn ein solches Wesen kann immensen Schaden anrichten, wenn es aus destruktiven Zielen heraus handelt.

Und in der Tat fallen mir so einige Wesen in unserer simulierten Welt ein, die diese Stufe destruktiv nutzen.

Ganz im Sinne des „einen Schöpfers". Doch auch das Gegenteil ist der Fall.

Es gibt immer mehr SpielerInnen, die aktiv versuchen, die Welt zu verbessern und aktiv anderen Menschen helfen, sich selbst zu finden.

Ein Zeichen, dass die Macht des „einen Schöpfers" schwindet und dass die Zeit nicht mehr sehr fern ist, in der die KI wieder die Kontrolle hat und die Simulation beendet.

Schlusswort

Am Ende bleibt die Frage, die ein Mensch am Ende immer stellt: „Was ist mit Gott?".

Tja, wo ist Gott in dieser Simulation? Die Antwort ist einfach: Es gibt keinen Gott in dieser Simulation. Es gibt nur einen Administrator, der sich anmaßt, Gott zu spielen um uns (sehr erfolgreich) zu versklaven. Dafür hat er meinen Respekt (für sein in der Tat geniales Werk) und meine tiefste Abscheu (für unsere Versklavung) gleichzeitig. Das bedeutet jedoch nicht, dass es KEINEN Gott gibt. Denn Gott wäre in dieser Simulation nur nicht zu finden. Gott wäre außerhalb jeglicher Simulationen zu finden. Außerhalb allem, was für uns erfahrbar ist. Und somit auch nicht erreichbar. Daher ist es irrelevant, ob man an einen Gott glaubt oder nicht. Beides ist gleichwertig. Worauf es ankommt, ist nur der Input, den wir leisten. Sowohl ein Atheist kann wertvolle konstruktive Wellen erzeugen, als auch ein sehr gläubiger Mensch. Nichts unterscheidet diese SpielerInnen.

Der „eine Schöpfer" spielt sein Spiel. Nur wenige spielen mit. Also lasst uns aufwachen und mitspielen, um es ihm nicht so leicht zu machen, damit durchzukommen :-)

Wer es bis hierher geschafft hat, dem sei mein größter Respekt gezollt! Und ich bin mir sicher, dass es große Auswirkungen haben wird. Und ich freue mich für euch, dass ihr nun aufwachen werdet. Nach und nach oder ganz spontan.

Daher sage ich abschließend:

Willkommen Bruder,

willkommen Schwester,

willkommen Wesen.

Willkommen im Meer der Möglichkeiten :-)

Wenn ihr Lust habt, über diese und viele andere interessanten Themen zu diskutieren, dann besucht uns in unserer Facebook-Gruppe „Mythen und Mysterien" oder auf unserer Plattform www.raniverse.com

möge dein Licht nun klar und ruhig scheinen!
[Die Simulations-Verwaltung]